公司破产与分红问题研究

李　波　著

吉林大学出版社

长　春

图书在版编目（CIP）数据

公司破产与分红问题研究 / 李波著. —长春：吉林大学出版社，2023. 12
ISBN 978-7-5768-2876-4

Ⅰ. ①公… Ⅱ. ①李… Ⅲ. ①破产法－研究－中国
Ⅳ. ①D922.291.924

中国国家版本馆 CIP 数据核字（2023）第 256130 号

书　　名	公司破产与分红问题研究
	GONGSI POCHAN YU FENHONG WENTI YANJIU

作　　者	李波
策划编辑	杨占星
责任编辑	王寒冰
责任校对	陈曦
装帧设计	李常晖
出版发行	吉林大学出版社
社　　址	长春市人民大街 4059 号
邮政编码	130021
发行电话	0431－89580036/58
网　　址	http：//www.jlup.com.cn
电子邮箱	jldxcbs@sina.com
印　　刷	长春市中海彩印厂
开　　本	787mm×1092mm　1/16
印　　张	9.25
字　　数	120 千字
版　　次	2023 年 12 月　第 1 版
印　　次	2023 年 12 月　第 1 次
书　　号	ISBN 978-7-5768-2876-4
定　　价	30.00 元

前　言

　　随着金融市场的发展，金融学与数学之间的联系越来越紧密。金融数学作为一门交叉学科，应用大量的数学理论与方法，解决金融中一些重大问题。不确定性是影响金融经济行为的重要因素，如何刻画以及处理不确定性，是金融研究中最关键的问题。正是由于各种各样的不确定性，丰富了现代金融理论，也促进了数学工具的运用。随机分析的数学理论成果可以定量地描述这些不确定性，在金融领域得到了广泛应用。风险理论作为金融数学中的一个重要分支，主要用于金融、保险、风险管理与证券投资等领域，其中破产理论与分红理论是风险理论的重要组成部分。Lundberg 与 Cramér 构建了经典风险模型，最早研究了破产概率、破产赤字、破产前瞬时盈余等保险公司关心的几个精算量。特别地，Gerber 与 Shiu 将鞅的理论与方法应用到风险理论中，建立了 Gerber-Shiu 期望折现罚金函数，统一了上述精算量，从而许多与破产有关的问题最终都转化成了计算 Gerber-Shiu 期望折现罚金函数，使得风险理论这门学科得到了快速的发展。随着金融市场的发展，对于原有精算量的研究已经不能满足保险公司的需求。保险公司除了关心这些精算量的表达式，更关心如何使得破产概率、破产赤字这些精算量达到最小以及破产前总的分红量达到最大。分红理论作为风险理论中的重要组成部分，De Finetti 最早提出了分红策略，他认为公司应该寻找一种策略来最大化破产前的分红期望折现值，开创性地提出了考虑分红策略的离散时间风险模型。特别地，Asmussen 与 Taksar 首次将随机控制理论应用到风险理论中,利用动态规划原理得到相应控制问题的 HJB 方程,进而研究了最小破产概率、最大指数效应以及最优值函数与最优分红策略。随机控制理论与风险理论的结合,使得风险理论这门学科再次得到快速发展。

一般对公司破产与分红问题的研究可以分成两种情况:第一种情况是首先假设公司会采取某种分红策略,围绕着最优分红边界研究破产概率、破产时刻、破产赤字、破产前瞬时盈余、期望折现分红函数、累积折现分红函数的矩母函数、Gerber-Shiu 期望折现罚金函数等与破产有关的精算量;第二种情况是最初并不知道采取哪种分红策略,运用随机控制理论首先摸索性地建立值函数满足的 HJB 方程,然后分析该方程是否有光滑解,最后运用验证性定理来说明这个解就是所求的最优值函数,此时也会找到使得期望折现分红与注资之差达到最大的那个对应的最优分红策略。本书将采用这种方法对文章结构进行分类,其中第三章与第四章主要讨论了公司破产(对偶)模型及其精算量,得到了部分精算量的积分-微分方程以及边界条件;第五章与第六章主要讨论了公司破产情况下的最优分红策略,运用随机控制理论建立值函数满足的 HJB 方程,然后分析该方程是否有光滑解,最后运用验证性定理来说明这个解就是所求的最优值函数,并且对应的策略就是最优策略。

本书得到了黄河三角洲绿色低碳高质量发展研究中心与山东石油化工学院高层次人才科研启动经费项目(2023SS012)的资助和支持。

由于作者水平所限,本书难免存在疏漏和不足之处,敬请广大读者批评指正。

李 波

2023 年 8 月

目　录

第一章　绪　论

本章将介绍本书的研究背景与意义，叙述公司破产风险模型研究现状以及公司破产与分红问题研究现状，最后介绍本书的主要研究内容以及创新。

第一节　研究背景与意义

随着金融市场的发展，金融学与数学之间的联系越来越紧密。现代金融学的发展推动了数学理论的发展，同时，数学理论也为金融学的发展提供了强有力的工具。金融数学作为一门交叉学科，应用大量的数学理论与方法解决金融中一些重大问题，为进行科学的决策和提高管理水平提供依据。在当今社会，金融经济市场是非常复杂的，人们对其进行的定性分析已转变为定量分析，对于金融市场也有了更好的认识与控制。与此同时，在金融市场中也产生了许多数学问题，从而产生了金融数学。风险理论作为金融数学中的重要组成部分，主要研究公司面临的风险以及公司产生的收益。本书主要利用数学理论工具，来研究金融市场中的公司破产与分红的问题，寻找最优策略使得某些精算量达到最优（最小或者最大）。

破产问题是当前金融数学领域研究的一个热点，主要应用于保险、金融、证券投资以及风险管理等领域。作为金融数学的一部分，破产问题借助数学中的随机过程等理论，构造保险事务中的随机风险模型，并依此来研究破产时刻、破产概率、期望折现分红函数、Gerber-Shiu 期望折现罚金函数等问题。特别地，著名精算大师 Gerber 和 Shiu 于 1998 年利用随机过程与随机分析，将鞅的理论与方法应用到风险理论中，提出了将破产概率、破产赤字、破产前瞬时盈余等精算量统一化的 Gerber-Shiu 期望折现罚金函数，许多与破产有关的问题最终都转化成了计算 Gerber-Shiu 期望折现罚金函数，由此打开了风险理论研究的新篇章。Gerber-Shiu 期望折现罚金函数在很大程度上推广了破产概率，成为研究公司破产与分红问题的一个重要度量工具。研究破产问题的意义在于，通过分析公司破产可能性，控制某些因素，进而控制破产的发生或者使得作为衡量公司偿付能力数量指标之一的破产概率达到最小，为公司决策者提供一种预警途径，同时也为监管部门对公司偿付能力的监管提供重要依据。

分红问题是当前金融数学领域研究的又一个热点，相对于研究公司的破产问题，公司会更加关注分红的最优问题。分红指的是公司根据自身的运营情况将部分资产盈余分配给股东或者初始资金的提供者，分红的大小象征了一个公司的实力。分红问题考虑的最重要的是如何制定分红策略以使得公司股东收益的期望折现值最大。Miller 和 Modigliani（1961）与 Sethi 等（1984）证实了在一定的假设条件下，股份制公司的资产可以看成是股份持有者收到红利的累积折现期望值。股份制公司的一个目标就是最大化股东的回报。因此，在股份制公司中股东分红的累积折现期望值的最大化就是企业价值的最大化。分红问题的定义很简单，但是何时进行分红与分红多少却是一个博弈问题，研究起来非常复杂。若公司将全部资产作为红利发放，则即时的红利很大，但公司可能立即破产导致未来没有红利收入；若分发红利的次数很少或者每次的额度不多，则公司的经营时间会更长久，但分红的性能指标会因为折现的因素而受到影响。自 20 世纪以来，分红问题受到了很多学者的关注，他们研究了最优分红问题及采用分红策略后的破产问题。对于公司而言，如何运用合理的手段，如分红、再保险、注资、再投资等，对保险公司的盈余过程进行控制，从而最小化公司的风险和最大化股东的收益，这些都属于金融保险中的随机控制问题。因此，研究最优分红问题，可以给公司提供决策，帮助公司制定政策，降低保险公司的风险。

本书基于随机控制理论来研究公司的破产与分红的最优问题。一方面，希望该研究可以为公司的风险控制与资产管理提供合理的决策依据，进而建立一个可靠的公司预警系统；另一方面，也希望这项工作能够拓展随机控制理论在金融风险研究中的应用。

第二节 研究现状

一、公司破产风险模型研究现状

天有不测风云，人有旦夕祸福。在现实世界里，风险存在于生活中的各个角落里，我们可以采取措施来避免或者减少风险的发生。由此，风险理论便产生了，其中破产理论是风险理论的核心部分。1903 年，瑞典精算师 Lundberg 在他的博士论文中第一次提出了经典风险模型，这是最早的风险模型，第一次系统地研究了风险理论，奠定了破产理论的基础。经典风险模型中公司的收入用一个线性函数表示，公司的负债用一个泊松过程来表示，但当时的数学理论并不严谨。1930 年，瑞典学派继承人 Harald Cramér 在 Lundberg 的基础上继续完善该模型，发展了 Lundberg 的理论，用随机过程来描述该模型，用更加严谨的数学理论建立了保险理论与随机过程的关系，因此经典风险模型亦被称作 Cramér-Lundberg 风险模型。Feller（1971）、Gerber（1979）、Grandell（1991）等在各自的文章里分别研究了经典风险模型，并得到了保险公司破产概率的 Lundberg 不等式与 Cramér-Lundberg 逼近等重要的结论。经典风险模型中假定保险公司的保费收入总是大于理赔支出，也就是说保险公司的盈余总是一个正数，并且根据强大数定律可以推导出保险公司的盈余会随着时间趋向正无穷大，风险在现实世界中是客观存在的，显然这种情况是不符合现实世界的。经典风险模型是一种简化的不严谨的数学模型，虽然比较容易理解，并且具有平稳独立增量的优良特性，但是不能准确反映出公司的运营情况。因此，对于经典风险模型的推广得到了广大学者的广泛探讨。

1957 年，Sparre Andersen 提出了更新风险模型（$N(t)$ 是一个更新过程），也被叫做 Sparre Andersen 风险模型。在更新风险模型中，索赔时间间隔的序列与个别索赔额的序列构成了二维的独立同分布的随机变量序列。Grandell（1991）详细探讨了风险模型中索赔到达过程是更新过程、平稳过程与 Cox 过程的情况。有些过程没有马尔可夫性，但是可以通过增加变量的方式获取到一个具有马尔可夫性质的二元风险过程，这样，经典风险模型中的问题就都可以在这个模型中进行解决。在索赔时间间隔的分布是已知的情况下，Dickson 等（2001）研究了索赔时间间隔服从 Erlang(2) 的更新风险模型；Li 等（2004）研究了索赔时间间隔服从 Erlang(n) 的更新风险模型；Gerber 等（2005）研究了广义的 Erlang(n) 更新风险模型；Li 等（2005）又研究了一类索赔时间间隔的拉普拉斯变换是有理分布族的更加广义的更新风险模型，并运用 Lundberg 方程的根的实部为正数获取了一些与破产相关的精算量的确切结果。在索赔时间间隔的分布服从任意分布而个别索赔额的分布已知（例如指数分布、Coxian 分布等）的情况下，Willmot 等（2007）分析了索赔时间间隔服从混合 Erlang 分布的另外一类更新风险模型。然而，在现实世界中，索赔时间间隔与个别索赔额相互独立这个约束条件是不存在的。所以，很多学者开始研究具有相依关系的更新风险模型。Albrecher 等（2006）通过 copula 函数建立了索赔时间间隔与个别索赔额之间的相依关系，分析研究了若干种相依风险模型。Boudreault 等（2006）分析了个别索赔额的密度函数与索赔时间间隔存在指数加权关系。Cossette 等（2008，2010）通过广义的 copula 函数建立了索赔时间间隔与个别索赔额之间的相依关系。

1970 年，Gerber 第一次提出了带扰动项的风险模型，利用 Brown 运动（作为模型的扰动项）来表示保费收入或者索赔损失产生的随机偏差，反映了市场波动对公司盈余产生的影响。Dufresne 等（1991）、Gerber 等（1998）、Tsai（2001，2002，2003）、Chiu 等（2003）分析讨论了 Brown 运动作为扰动的经典风险模型。Li 等（2005）研究了索赔时间间隔服从广义 $\text{Erlang}(n)$ 分布的并且用 Brown 运动作为扰动的更新风险模型。Furrer（1998）与 Schmidli（2001）研究了运用 α 稳定过程作为扰动的更新风险模型。

在公司的风险模型中，考虑投资与借贷等因素会使得模型更具有实际意义。当公司有盈利时，公司通常会将多余的资金进行无风险（或者有风险）投资；当公司有亏损时，公司可能会通过一定形式的贷款或者经济援助来避免破产。Gerber（1971）建立了存在借贷的经典风险模型并且分析了绝对破产问题，最后推导出了索赔服从指数分布时的绝对破产概率的表达式。Sundt 等（1995，1997）、Wang 等（2008）探讨了不变投资利率水平下的风险模型。Paulsen（1993，1997，1998，2002）、Cai（2004）、Yuen 等（2006）分析了考虑投资的风险模型。Dassios 等（1989）、Gerber（2007）建立了存在借贷的各种风险模型，并且分析了每一种模型的绝对破产问题。

分红策略最早由 De Finetti 在 1957 年第 15 届纽约国际精算学术会议上提出，他认为公司应该寻找一种策略来最大化破产前的分红期望折现值，开创性地提出了考虑分红策略的离散时间风险模型，并且证明了在一定的假设条件下 Barrie 策略的最优性。分红策略可以分为 Band 分红策略、Barrier 分红策略、Threshold 分红策略、线性分红策略、非线性分红策略，其中大部分学者研究了 Barrier 分红策略与 Threshold 分红策略。在分析某种分红策略下的风险模型时，Gerber（1979）、Grandell（1991）、Gerber 等（1998）、Rolski 等（1999）、Asmussen（2000）研究了破产概率计算问题；Gerber 等（1987）分析了破产赤字的分布；Dufresne 等（1988）得到了公司破产前瞬时盈余与破产赤字之间的联合密度函数正比于索赔的密度函数。Gerber 和 Shiu（1998）将鞅的理论与方法应用到风险理论中，提出了将破产概率、破产赤字、破产前瞬时盈余等精算量统一化的 Gerber-Shiu 期望折现罚金函数。Albrecher 等（2005，2007）、Dickson 等（2005）研究了折现分红期望与矩母函数的计算问题。

保险公司的盈余水平还受到许多外部随机环境因素的影响，例如自然因素与社会因素。Asmussen（1989）首次提出了用马尔可夫过程表示外部环境因素的风险模型，研究了该模型的破产概率，模型中用马尔可夫过程的状态转移来调整模型中的参数，所以该模型被称作马尔可夫状态转移风险模型（或马氏调制风险模型）。接下来，Rolski 等（1999）、Asmussen 等（2000）、Lu 等（2005）、Zhang（2008）、Li 等（2008）也深入探讨了马尔可夫状态转移风险模型。Boudreault 等（2006）、Ahn 等（2007）、Lu 等（2007）、Badescu

（2008）、Zhu 等（2008，2009）探讨了马氏到达过程（MAP）的风险模型。

保险公司在收取保费取得收益的同时，也存在着索赔带来的破产风险。保险公司可以通过与再保险公司签订协议引入再保险策略来降低风险。Centeno（2002）、Schmidli（2001，2004）、Dickson 等（2004）、Castañer 等（2012）研究了再保险策略的风险模型。Albrecher 等（2007，2008）探讨了具有税收政策的经典风险模型、Levy 模型与对偶风险模型，分析了税收对最终破产概率的影响。Wei 等（2010）探讨了具有税收政策的马尔可夫状态转移风险模型。

由于上述介绍的风险模型都属于连续时间风险模型，比较复杂，并且通过数值计算等不容易得到精确的表达式以及数值解，因此许多学者也分析了离散时间风险模型。Gerber（1988）首先提出了与经典风险模型相对应的离散时间风险模型——复合二项离散时间风险模型。紧接着，Shiu（1989）、Willmot（1993）、Cheng 等（1998，1999，2001）、Gong 等（2001）都对复合二项离散时间风险模型进行了深入的研究。Li（2005）探讨了索赔时间间隔的生成函数为有理分布族的离散时间更新风险模型。Wu 等（2009）研究了一类索赔时间间隔的分布服从任意分布而个别索赔额的分布服从混合几何分布的离散时间更新风险模型。许多学者都将风险模型中的保费收取率设定为常数，这可能不符合现实生活。Boucheire（1997）提出了在经典风险模型中加入正跳，研究具有随机保费的离散时间风险模型。

二、公司破产与分红问题研究现状

公司可以通过分红、注资等手段对盈余进行调节，来实现公司目标的最优化，即使得公司的风险达到最小或者股东的收益达到最大。分红指的是公司按照运营状况将部分或者全部盈余发放给投资者，分红的多少也体现了一个公司的实力与竞争力。因此，何时进行分红，分红多少比例，这是公司管理者与股东共同关注的问题，也是金融数学与保险精算中亟待解决的问题。Gerber（1972）在 De Finetti（1957）的基础上进一步完善了经典离散风险模型的结论。在经典风险模型中，Gerber（1969）得到在特定的情况下 Band 分红策略为最优分红策略，如果索赔服从指数分布，那么 Barrie 分红策略成为最优分红策略。Gerber（1972）分析了 Barrie 分红策略下，索赔服从指数分布时期望折现分红的表达式以及最优分红边界。Paulsen 等（1997）研究了 Barrier 分红策略下，随机利率带扰动的经典风险模型，得到了最优分红值函数下的积分-微分方程。Højgaard（2002）研究了在 Barrie 分红策略下，调整保费率与分红边界使得分红折现期望达到最大。Dickson 等（2004）在这个基础上，通过数值分析的方法，计算出了索赔服从其他分布时的最优分红边界与分红值。由于 Barrie 分红策略具有使公司最终一定会破产的缺陷，Taskar（1997）提出了 Threshold 分红策略。Gerber 等（2006）研究了经典风险模型下，分红率有上界并且索赔服从指数分布时的最优分红策略为 Threshold 分红策略。Fang 等（2007）证实了在常利率下分红受限的情况下，索赔服从指数分布时的最优分红策略为 Threshold 分红策略。Wan（2007）通过引入 Green 函数计算出了 Threshold 分红策略下的最优分红值函数的解。此时，对于随机控制理论在金融与保险中的应用问题得到了大家的重视，学者们利用随机控制理论来研究涉及了分红策略的问题，学会用随机的观点来分析解决问题已经成为众多学者必备的基础。随机控制理论作为最有用以及最有价值的数学工具，在公司最优分红方面得到了全面应用。在经典风险模型中，公司的盈余过程是用复合泊松过程来描述的，Browne 与 Taksar 等引入了带漂移系数的布朗运动的风险模型作为一种逼近来描述公司的现金流。Browne（1995）、Rander 等（1996）为随机控制在保险中的应用奠定了基础，Jean-blanc-Picqué 等（1995）、Asmussen 等（1997，2000）、Taksar 等（1998，1999，2001，2002，2003，2004，2006）、Cadenillas 等（2006）将公司的盈余过程设定为控制扩散过程，利用随机控制理论，通过求解相应的动态规划方程（HJB 方程）来研究控制扩散模型中的解析解、数值解、光滑值函数等，将控制扩散模型中的最优控制应用回原来的风险模型。扩散风险模型是将保险公司的资产过程定义为带漂移项的布朗运动，漂移项用来表示期望收益，扩散项用来表示风险，扩散系数的大小决定着保险公司需要承担风险的大小。其中，Gerber 等（2004）研究了在扩散模型下的最优分红策略，得到了最优分红值函数应该满足的方程，计算出了精确解。Asmussen 等（1997）研究了分红率有界及无界两种情况下的扩散风险模型，通过求解 HJB 方程得到了两种情况下的最优分红策略以及分红折现期望的表达式。Azcue 等（2005）同时考虑了再保险策略下的最优分红问题，利用 HJB 方程得到了最优分红策略为 Band 分红策略，并且索赔分布为指数分布时的最优分红策略为 Barrie 分红策略。Taksar 等（2004）探讨了带固定交易费用的扩散风险模型的最优比例再保险策略。Oksendal 等（2005）分析得到即使固定交易费很小也会对值函数产生非常大的影响，此时保险公司不应该连续分红，分红问题转变为随机脉冲控制问题。Jeanblanc-Picqué 等（1995）对带漂移项的 Brown 运动利用随机脉冲分红控制理论得到了最优分红策略。Cadenillas 等（2007）分析了盈余过程为均值回复过程的随机脉冲最优分红问题。Cadenillas 等（2006）利用经典随机控制与脉冲随机控制理论分析了带比例再保险扩散模型的混合经典脉冲最优分红问题。Bai 等（2010）探讨了经典风险模型与超额损失再保险的最优脉冲分红问题。Albrecher 等（2008）分析了效用准则下存在固定交易费用时的复合泊松过程最优分红问题。Cadenillas 等（2007）探讨了效用准则下均值回复过程的最优分红问题。Bayraktar 等（2008）分析了效用准则下扩散模型的最优分红问题。Schmidli（2008）指出，风险模型中的解析解很难找到甚至找不到，所以目前利用随机控制来研究风险模型的结论都是在有限制条件的情况下寻求最优的数值解。Schmidli（2008，2011）等给出了模型中所满足的 HJB 方程，但是仅证明了最优解析解的存在性，并没有得到具体的解析解。因此，我们发现在风险模型中运用随机控制理论来寻找最优解析解是一个非常困难的过程。经历了几十年的研究与发展，即便取得了很多结果，学者们仍将这个问题作为当前的热点问题来研究。

学者们在研究分红策略的同时，也关注到股东除了得到公司分红之外，是否应该在公司破产的时候尽自己的责任注入资金来帮助公司避免破产。一个公司的最优策略需要同时包括分红策略与注资策略，这有利于提高股东的分红以及降低公司破产的概率。Sethi 等（2002）对扩散模型进行了研究，目标是最大化折现分红与折现注资之差的期望，得到了两个边界值 A 与 B（$0 < A \leqslant B$），论证了当公司盈余大于 B 时需要将盈余超出 B 的全部作为分红而不需要注资，当公司盈余小于 A 时需要立即注资使得公司的盈余回到 A 而不进行分红，当公司盈余位于区间（A，B）时，公司既不进行分红也不进行注资。Dickson 等（2004）表明股东在得到公司分红的同时应该注入一定的资金使公司的盈余至少恢复到 0 以避免公司破产，股东有责任承担公司破产时的赤字，注资为公司持续发展以及健康良好的运行提供了强有力的保障，使公司永远不会破产。公司通过

控制一个或者多个策略的组合来使得目标函数（成本函数或者利润函数）达到最优。Gerber 等（2006）对经典风险模型关于注资策略进行了研究，并对股东承担与不承担赤字之间做了详细的比较。Kulenko 等（2008）进一步对经典风险模型下注资使公司不破产进行了研究并得到了一般的最优分红理论，证明了最优分红策略为 Barrier 分红策略，并计算出了最优分红边界值。Løkka 等（2008）在模型中加入了带漂移的布朗运动，得到了公司要么不注资达到最优，要么注资承担所有赤字达到最优，并给出了值函数的解析解。He 等（2008，2009）假定公司的最小盈余是一个非负数，在这个基础上研究了最优分红与最优注资，后面又继续研究了最优脉冲控制。这些学者都分别对注资策略进行了详细的研究，公司经营的目标就是使得股东折现分红与折现注资之差的期望达到最大。如果只是考虑分红策略，那么公司破产发生的概率就大；如果只是考虑注资策略，那么股东的利益就会受到伤害。因此，公司的最优策略应该既考虑到分红，又考虑到注资，要在公司与股东之间作出一个平衡。注资的目的，也是为了在公司不破产的同时，能够得到一个新的更大的最优的分红。Li（2009）指出对于最优的注资策略，股东不应该无条件承担公司破产赤字的约束，并得到了最优停时以及股东愿意承担的最大赤字，这为股东接受与拒绝注资提供了一个很好的参照。由于同时考虑到分红策略与注资策略，使得随机控制处理最优问题变得更加复杂，因此基于经典风险模型的很多问题还需要我们进一步研究。

第三节　主要研究内容

一般对公司破产与分红问题的研究可以分成两种情况：第一种

情况是首先假设公司会采取某种分红策略，围绕着最优分红边界研究破产概率、破产时刻、破产赤字、破产前瞬时盈余、期望折现分红函数、累积折现分红函数的矩母函数、Gerber-Shiu 期望折现罚金函数等与破产有关的精算量；第二种情况是最初并不知道采取哪种分红策略，我们运用随机控制理论首先摸索性地建立值函数满足的 HJB 方程，然后分析该方程是否有光滑解，最后运用验证性定理来说明这个解就是所求的最优值函数，此时也会找到使得期望折现分红与注资之差达到最大的那个对应的最优分红策略，本书将采用这种方法对文章结构进行分类。本书一共七章，具体内容如下：

第一章为绪论，介绍了研究背景与意义，叙述了公司破产风险模型研究现状以及公司破产与分红问题研究现状，最后介绍了本书的主要研究内容以及创新。

第二章为预备理论基础知识，主要包括公司破产与分红中的相关理论，如分红、注资、再保险，以及最优随机控制理论中的一些基本概念与定理，如马尔可夫过程、鞅表示定理、伊藤引理、HJB 方程、动态规划原理、验证性定理等，为后续章节研究做强有力的理论铺垫。

第三章为公司破产模型及其精算量。在现实世界中，公司盈余过程会产生利息并且会受到外界的干扰，因此我们研究了推广的经典风险模型。在本章，首先介绍了经典风险模型以及与之相关的重要结论，随后在经典风险模型的基础上构造了常利率带扰动的经典风险模型，并且在 Barrie 分红策略下研究了期望折现分红函数、累积折现分红函数的矩母函数与 Gerber-Shiu 期望折现罚金函数的积分-微分方程以及所满足的边界条件，最后计算了最终破产概率的渐近解。其中，我们把 Gerber-Shiu 期望折现罚金函数分成两部分来讨论：由理赔引起破产的 Gerber-Shiu 期望折现罚金函数与由随机扰动引起破产的 Gerber-Shiu 期望折现罚金函数。这些精算量的积分-微分方程或者表达式，可以为公司决策者提供一个定量指标作为参考，使得公司的分红达到最大、公司的破产概率达到最小。在定理证明过程中，发现累积折现分红函数一阶矩与期望折现分红函数所得到的结论是一致的，这也再次验证了我们定理证明过程中运用的数学理论的正确性。

第四章为公司破产对偶模型及其精算量。这一章中的研究方法与第三章是一样的，只是研究了另外一种类型的公司。经典风险模型适合于描述保险公司的资产过程，对偶风险模型适合于描述以近似平均的速率消耗运营成本而获取随机到来的收入这种类型的公司。比如，医药公司前期投入研发成本很大，后期由于新药研制成功而获得了巨大的收益；石油勘探开发公司前期投资建设成本很高，后期由于发现了新的油气田而获得巨大的收益。在现实世界中，公司连续时间进行分红是不符合实际的，因此我们在对偶风险模型中引入了随机观察时间，构造了带随机观察时间的对偶风险模型，即分红只可能在观察时刻发生，这使得问题的研究更具有现实意义。另外，非常数值分红边界克服了常数值分红边界最终以概率1破产的缺陷，使得问题的研究更具有现实意义。对于带随机观察时间的对偶风险模型，在非常数值边界分红策略下，我们研究了期望折现分红函数与最终破产概率的积分-微分方程及其所满足的边界条件。这两个精算量的积分-微分方程，可以为公司决策者提供一个定量指标作为参考，来最大化公司的分红以及最小化公司的破产概率。

第五章为公司破产情况下无注资最优分红策略。在最近的几十年里，学者们经常用破产扩散模型来研究分红问题，破产扩散模型可以看作是经典风险模型的极限形式。公司的盈余过程包含了一个带漂移项与扩散项的布朗运动，其中漂移项表示公司的期望收益，扩散项表示公司的期望风险。通过应用扩散模型，很多学者研究了更具有实际意义的公司分红问题。特别地，Cadenillas 等（2006）研究了带固定交易费用与比例税费的再保险破产扩散模型，在其文章里，作者假设了当发生破产时公司的流动资本为 0 并且公司的固定资本也为 0，即值函数 $v(0)=0$。但是在现实世界中，当发生破产时公司的流动资本虽然为 0，但是固定资本不为 0，也就是说，公司的价值在破产发生时应为正数，即值函数 $v(0)>0$。因此，这类问题对于我们来说很有必要去研究并且很有用处。在本章，假定公司破产时固定资产价值是一个正的常数 a，并且假定公司的流动资本盈余过程 X_t 为常数漂移项 μ 与常数扩散项 σ 的破产扩散模型。在本章的扩散模型基于一定假设的前提下，我们找到了值函数所满足的拟变分不等式，研究了值函数的性质，并且利用验证性定理确定了最优值函数与最优分红策略。本章的难点在于，由于区间端点的不固定，导致候选解的结果不确定，这个情况并没有在 Cadenillas 等（2006）的文章中提到。由于已知的区间没有固定的端点，端点依赖于一些未知的参数，这导致解的结构并不明确。受候选解导数的启发，我们构建了积分函数 $I(C)$ 并且讨论了不同参数下的公司状态，给出了最优值函数以及与其对应的最优策略。

第六章为公司破产情况下带分红边界最优策略。在本章，将 Cadenillas 等（2006）的文章中介绍的带固定交易成本费用与比例税费的再保险扩散模型加入了分红边界 b。由于考虑了固定的交易成本费用，此问题变成了一个脉冲控制问题。我们将这个控制问题转变为一个拟变分不等式，通过分析与讨论值函数的性质、拟变分不等式的解以及参数的唯一性，最后找到了对应的基于 $v(x)$ 的最优策略。

第七章对本书进行了简单总结，说明了本书的不足与局限性，并介绍了下一步研究的方向。

第四节　研究创新

第四章，在对偶风险模型中，由于实际中不可能连续时间进行分红，因此我们考虑了带随机观察时间的非常数值边界分红，使得模型更加贴近实际，这在以往的文献中没有研究。在非常数值分红边界 $b_t = b + at^\beta$ 中，$\beta = 1$ 时，$b_t = b + at$ ，分红边界 b_t 是关于时间 t 的线性函数，称之为线性分红策略；当 $\beta > 1$ 时，分红边界 b_t 是关于时间 t 的非线性函数，称之为非线性分红策略。另外，非常数值分红边界克服了常数值分红边界最终以概率 1 破产的缺陷，使得问题的研究更具有现实意义。

第五章，我们考虑了在公司破产时流动资本为 0 但此时公司的固定资产价值不为 0 的问题，这使得我们研究的模型更具有现实意义，这在以往的研究中从来没有提到过，这是本书的第二个创新点，有别于 Cadenillas 等（2006）的边界条件为 0 的假设。由于已知的区间没有固定的端点，端点依赖于一些未知的参数，这导致解的结构并不明确。我们利用积分函数 $I(C)$ 克服了这个困难，分析了值函数与最优策略，并用数值实例验证了推导的部分定理。

第二章　预备理论基础知识

在本章，将给出本书研究工作中需要用到的理论基础知识，包括公司破产与分红理论以及最优随机控制理论，这些定义、概念、性质与定理为本书后续研究提供了强有力的理论指导。

第一节　公司破产与分红相关理论

一、分红

公司将公司盈余作为可用财富分配给股东，这就涉及分红策略的问题：何时进行分红，分红多少比例，这是公司管理者与股东共同关注的问题。分红不当（过多或者过少）总是会伤害其中一方的利益。分红是以股东的利益为出发点，我们将最大化公司破产前期望折现分红作为衡量最优分红策略的一个准则，来研究公司破产时刻与破产概率。我们用 $X(t)$ 来表示公司在 t 时刻的盈余水平，用 $D(t)$ 来表示公司在 $(0, t]$ 这段时间内累积发放的红利，用 d_t 来表示公司在 t 时刻发放的红利。我们将分红策略分为 Band 分红策略、Barrier 分红策略、Threshold 分红策略、线性分红策略、非线性分红策略。

Band 分红策略（波段分红策略，亦称区域分红策略），指的是只有当盈余进入到某一个特定区间的时候才可以进行分红，这是按照公司盈余所在的区间来决定红利的分配形式。Gerber（1969）证明了在特定条件下 Band 分红策略具有一定的优越性。令集合 $A =$ $\{(a_0, b_0], (a_1, b_1], (a_2, b_2], \cdots, (a_m, b_m]\}$，集合 B 为集合 A 的余集，其中 $a_0=0, a_0<b_0<a_1<b_1<a_2<b_2<\cdots<a_m<b_m, m=0，1，2，3，\cdots$，如果公司的盈余处在集合 B 的某一个区间里，那么公司立即分红直到盈余回到该区间的左边端点；如果公司的盈余处在集合 A 中，那么公司不进行分红。Band 分红策略的数学表达式如下：

$$d_t = \begin{cases} 0, & a_0 < X(t) \leqslant b_0, \\ X(t)-b_0, & b_0 < X(t) \leqslant a_1, \\ 0, & a_1 < X(t) \leqslant b_1, \\ X(t)-b_1, & b_1 < X(t) \leqslant a_2, \\ \vdots & \vdots \\ 0, & a_i < X(t) \leqslant b_i, \\ X(t)-b_i, & b_i < X(t) \leqslant a_{i+1}, \\ \vdots & \vdots \end{cases} \tag{2.1}$$

Barrie 分红策略（边界分红策略，亦称障碍分红策略），最早由 De Finetti 在 1957 年提出并由 Gerber 在 1969 年证明了在索赔服从指数分布时 Barrie 分红策略是最优分红策略，它是 Band 分红策略的一种特殊情况，即 $m=0$。Barrie 分红策略指的是当盈余水平达到 b（b 为一个正的常数）时，超出 b 的部分立即全部用来发放红利，直到盈余水平回到 b。如果公司的盈余水平达不到 b，则公司不进行分红。在 Barrie 分红策略中，盈余水平不会超过 b，其中 b 称为常值分红界。Barrie 分红策略的数学表达式如下：

$$d_t = \begin{cases} 0, & 0 < X(t) \leqslant b, \\ X(t)-b, & X(t) > b。 \end{cases} \tag{2.2}$$

Threshold 分红策略（阈值分红策略，亦称门限分红策略），是由 Taskar 于 1997 年提出的一种推广的 Barrie 策略。因为在 Band 分红策略下的最终破产概率为 1（也就是说公司破产是一个必然事件），所以在实际问题中我们就引入了 Threshold 分红策略。Threshold 分红策略指的是当盈余水平达到 b 时，超出 b 的部分不需要全部作为分红立即发放，而是按照一个有界的固定的小于保费收入率的分红率 α（其中 $0 < \alpha \leqslant 1$）发放红利，直到盈余水平回到 b。在 Threshold 分红策略中，盈余水平可能会超过 b，其中 b 称为分红阈值。Threshold 分红策略的数学表达式如下：

$$d_t = \begin{cases} 0, & 0 < X(t) \leqslant b, \\ \alpha[X(t) - b], & X(t) > b。 \end{cases} \tag{2.3}$$

除了以上都是常数值边界的分红策略之外，还有非常数值边界的分红策略，包括线性分红策略与非线性分红策略。线性分红策略由 Gerber 于 1974 年提出，指的是当盈余水平达到 b_t（b_t 为一个非负的关于时间 t 的线性函数）时，超出 b_t 的部分立即全部用来发放红利，直到盈余水平回到 b_t，其中分红边界 b_t 不是固定的，而是随时间变化的线性函数，可以表示为 $b_t = b + at$。若 $a = 0$，则 $b_t = b$，此时的线性分红策略也就是 Barrie 分红策略。非线性分红策略与线性分红策略的区别是，分红边界 b_t 为一个非线性函数。Albrecher 在 2002 年与 2005 年分别探讨了经典风险模型（亦称复合泊松模型）在非线性边界条件与线性边界条件下的最优分红问题。

一般对分红问题的研究可以分成两种情况：第一种情况是首先假设公司会采取 Barrie 分红策略或者 Threshold 分红策略，围绕最优分红界（或者分红阈值）分析折现分红随机变量的矩母函数、破产概率、Gerber-Shiu 期望折现罚金函数，计算出 Barrie 分红策略与 Threshold 分红策略中的最优值 b 等；第二种情况是最初并不知道采取哪种分红策略，运用随机控制理论首先摸索性地建立值函数满足的 HJB 方程，然后分析该方程是否有光滑解，最后运用验证性定理来说明这个解就是所求的最优值函数，此时也会找到使得期望折现分红与注资之差达到最大的那个最优分红策略。在第二种情况中，如果约束分红速率，得到的最优分红策略一般是 Barrie 分红策略；如果上界约束分红速率，得到的最优分红策略一般是 Threshold 分红策略。

二、注资

公司面临破产时，股东是否应该尽自己的责任注入资金来帮助公司避免破产，成了一个需要考虑的问题。如果只是考虑分红策略，那么公司破产发生的概率就大；如果只是考虑注资策略，那么股东的利益就会受到伤害。为了保障公司的盈余始终为正，有必要在公司面临破产时注入资金来使其持续正常运行，注资为公司持续发展以及健康良好的运行提供了强有力的保障。在现实世界中，公司的资本为负时，并不代表公司立即破产，即公司允许进行负债经营。当公司的资本为负时，公司可以通过股东注资、发行股票债券或者政府援助等方式来进行融资。注资的最终目的，是为了在公司不破产保持正常运营的情况下得到一个新的更大的最优的分红。公司经营的目标就是使得股东折现分红与折现注资之差的期望达到最大。也就是说，在给定的初始资本 x 与可容策略 π 的情况下，定义一个运行函数 $V(x, \pi)$ 来表示 π 策略运行过程中公司折现分红与折现注资之差，公司经营的目标就是找到一个最优策略 π^* 使得值函数 $V(x) = V(x, \pi^*) = \sup_{\pi \in \Pi} V(x, \pi)$ 达到最大。公司的最优策略应该既考虑到分红，又考虑到注资，要在公司与股东之间作出一个平衡，这样既可以提高股东的分红，又可以降低公司破产的风险。

三、再保险

保险公司向投保人收取一定的保费，当发生意外时，再向投保人赔偿一定的费用，保险公司的收益就是总的保费收入减去总的赔偿支出。保险公司随着业务的不断壮大，承保的金额将不断增加，增大的风险压力可能会超出自身承受的范围。特别地，一些大额保险标的（比如核电站、通信卫星等）产生了超过保险公司自身可以承受的风险，还有突发的自然灾害所造成的损失也非常巨大，任何一家保险公司一般都无法单独承受这些可能产生巨额赔付风险的保险合同。保险公司通过出售保险集中了大量的风险，可以通过购买再保险来分散与降低自身的风险。再保险是保险人以原来的保险合同为基础，通过签订分保合同，将原来保险公司所承担的一部分责任与风险转嫁给再保险公司的一种行为，是保险公司用来降低自身风险的一种重要的方式。再保险不仅可以分散风险、提高资金使用率，也给再保险公司带来了收益，实现了"分散风险，分摊损失，分享收益"，是现代风险管理体系中必不可少的一个环节。但是，保险公司在降低风险的同时，自身的收益也因为支出再保险费用而降低。再保险后原保险公司支付的部分被称为自留额，如果保险公司的自留额设置得过高，可能会超出其承受风险的范围从而影响到自身运行的稳定性；如果自留额设置得过低，保险公司的收益就会大量流失到再保险公司。因此，如何平衡收益与再保险之间的关系，就引出了最优再保险策略的研究。再保险主要有比例再保险、超额赔款再保险与停止损失再保险三种形式。我们用 Z 表示原保险公司应给投保人的一次赔付金额，用 $\sum_{i=1}^{N_t} Z_i$ 表示原保险公司对投保人的累积理赔，用 X 表示原保险公司实际赔付的金额，用 Y 表示再保险公司一次赔付的金额。

比例再保险（proportional reinsurance），就是原保险公司与再保险公司按照一定的比例在原保险合同之上签订的再保险合同。保险公司向再保险公司支付一定比例的费用，再保险公司要承担并分摊保险公司相应比例的风险责任。比例再保险包含成数再保险与溢额再保险等形式。成数再保险（quota share reinsurance）指的是原保险公司与再保险公司对某一险种事先约定好一个比例，原保险公司对此类险种业务按照约定比例分出收到的保费与保险责任，再保险公司按照约定比例接收相应的保费与保险责任。溢额再保险（surplus reinsurance）指的是原保险公司事先确定好自身承担的自留额，将保险责任超出自留额的部分作为溢额办理再保险，原保险公司与再保险公司按照自留额与分出限额各自占总保险金额的比例来确定相应的保险责任。溢额再保险关系确立之后，原保险公司与再保险公司实际承担的比例不同于成数再保险合同的固定比例，而是随着每笔险种业务保费的大小而变动的。但是，比例再保险也会存在额外的风险，再保险公司为了自身的利益会要求持保比例在一个有利于自身的水平，超过比例或者低于比例都会收取更多的额外保费。比例再保险中原保险公司与再保险公司赔付的数学表达式分别如下：

$$
\begin{cases}
X = uZ, \\
Y = (1-u)Z,
\end{cases}
\tag{2.4}
$$

其中，u 为约定保险金额的分配比例。

超额赔款再保险（excess of loss reinsurance）指的是超出一定限额的赔偿责任由再保险公司承担的一种再保险，它是非比例再保险。每次赔付，如果没有超过再保险合同中约定的自留额 a ，那么由原保险公司进行全部赔偿；如果超过再保险合同中约定的自留额 a ，那么原保险公司只需要承担自留额大小的赔偿，再保险公司承担超出自付额部分的赔偿。超额赔款再保险中原保险公司与再保险公司赔付的数学表达式分别如下：

$$\begin{cases} X = \begin{cases} Z, & Z \leqslant a, \\ a, & Z > a, \end{cases} \\ Y = \begin{cases} 0, & Z \leqslant a, \\ Z - a, & Z > a. \end{cases} \end{cases} \tag{2.5}$$

停止损失再保险（stop loss reinsurance）指的是原保险公司对于分保出去的整体业务累积赔付额达到了再保险合同中约定的最大自留额 a，再保险公司承担超过自留额部分的赔付，它是一种非比例再保险。停止损失再保险与超额赔款再保险非常相似，区别只在于超额赔款再保险以单个风险单位或单次事故为理赔基础，而停止损失再保险是以原保险公司一段时间（通常为一年）的累积总损失金额为理赔基础。如果累积理赔没有超过再保险合同中约定的自留额，那么原保险公司进行全部赔偿；如果累积理赔超过再保险合同中约定的自付额，那么原保险公司只需要承担自付额大小的赔偿，再保险公司承担超出自付额部分的赔偿。停止损失再保险中原保险公司与再保险公司赔付的数学表达式分别如下：

$$\begin{cases} X = \begin{cases} \sum\limits_{i=1}^{N_t} Z_i, & \sum\limits_{i=1}^{N_t} Z_i \leqslant a, \\ a, & \sum\limits_{i=1}^{N_t} Z_i > a, \end{cases} \\ Y = \begin{cases} 0, & \sum\limits_{i=1}^{N_t} Z_i \leqslant a, \\ \sum\limits_{i=1}^{N_t} Z_i - a, & \sum\limits_{i=1}^{N_t} Z_i > a. \end{cases} \end{cases} \tag{2.6}$$

第二节 最优随机控制相关理论

在现实世界中，许多事情的发生都具有不确定性，决策者通过获得的信息制定的决策是动态的。决策者从所有可能的决策中选择一个使得目标期望值达到最大（或者最小）的最优决策，这类问题被称作随机最优控制问题。运筹学中，主要是通过最小化成本或最大化利润来找到最优化策略，从而解决最优化问题。在金融研究与保险精算研究中，也可以用相似的方法来解决最优控制问题，此时需要用到数学理论与工具（随机控制理论、鞅论、更新理论等）。

定义 2.1（完备概率空间） 假设 Ω 是非空集合，ω 是其中的元素，F 为 Ω 的子集构成的 σ-代数，(Ω, F) 被称为可测空间。定义一个映射 $P: F \rightarrow [0, 1]$，如果满足 $P(\varnothing)=0, P(\Omega)=1$，并且对于任意的 $A_i, A_j \in F, i \neq j, i, j=1, 2, 3, \cdots$，有 $A_i \bigcap A_j = \varnothing$ 且 $P(\bigcup_{i=1}^{\infty} A_i) = \sum_{i=1}^{\infty} P(A_i)$，那么称 (Ω, F, P) 为一个概率空间，其中 Ω 是样本空间，P 是 (Ω, F) 上的概率测度。如果 $P(A)=0$，$B \subset A \in F$，那么 $B \in F$，并且 $P(B)=0$，此时称 (Ω, F, P) 为一个完备的概率空间。我们可以通过扩张过程 $\hat{F} = \sigma(F \bigcup N)$ 得到概率空间 (Ω, F, P) 的完备化空间 $(\Omega, \hat{F}, P)$，其中 $N = \{B \subseteq \Omega \mid \exists A \in F, P(A)=0, B \subseteq A\}$。

定义 2.2（随机过程） 设 (Ω, F, P) 为概率空间，T 为一个实参数集，$X(\omega, t)$ 为定义在 Ω 与 T 上的一个二元函数，如果对于任意的 $t \in T$，$X(\omega, t)$ 是概率空间 (Ω, F, P) 上的随机变量，我们就称 $\{X(\omega, t), \omega \in \Omega, t \in T\}$ 是 (Ω, F, P) 上的随机过

程，可以简记为 $\{X(\omega,t),t\in T\}$。

定义 2.3（计数过程）　若 $N(t)$ 表示截止到时刻 t 发生的随机事件的个数（也可说 $N(t)$ 表示截止到时刻 t 出现的质点数），那么将实随机过程 $\{N(t),t\geqslant 0\}$ 叫做计数过程。显然，$N(t)$ 为非负的整数，并且对于任意的 $0\leqslant s<t$，$N(t)-N(s)$ 表示在时间间隔 $t-s$ 之内所发生的随机事件个数。

定义 2.4　对于概率空间 (Ω,F,P)，令 ε 为 F 的子 σ-代数，$X(\omega)$ 为概率空间 (Ω,F,P) 上的随机变量并且期望 EX 是存在的，$X(\omega)$ 在 ε 下关于概率测度 P 的条件期望是 ε-可测可积的随机变量 $Y(\omega)$，有

$$\int_A X(\omega)\mathrm{d}P=\int_A Y(\omega)\mathrm{d}P,\ \forall A\in\varepsilon。\tag{2.7}$$

$Y(\omega)$ 被称作 σ-代数 ε 条件下 $X(\omega)$ 的条件期望。

定义 2.5（过滤概率空间）　如果 $F_t\subseteq F$，$t\in[0,T]$，对于任意的 $0\leqslant t_1\leqslant t_2\leqslant T$，有 $F_{t_1}\subseteq F_{t_2}$，那么就将 $(\Omega,F,\{F_t\}_{t\geqslant 0})$ 称作过滤空间，将 $(\Omega,F,\{F_t\}_{t\geqslant 0},P)$ 称作过滤概率空间。

定义 2.6　令随机变量 $\{X(\omega,t),t\in T\}$ 为过滤空间 $(\Omega,F,\{F_t\}_{t\geqslant 0})$ 上的随机过程，

（1）如果映射 $(\omega,t)\to X(\omega,t):[0,T]\times\Omega\to \mathbf{R}^n$ 可测，则称 $X(t)$ 可测；

（2）如果对于任意的 $t\geqslant 0$ 都有 $X(t)$ 可测，则称 $X(t)$ 关于 F_t-适应；

（3）如果对于任意的 $t\geqslant 0$ 都有映射 $(\omega,s)\to X(\omega,s):[0,T]\times\Omega\to \mathbf{R}^n$ 可测，则称 $X(t)$ 关于 F_t-循环可测。

从上面的描述中，可以知道循环可测的过程一定是可测并且适

应的，但是可测并适应的过程未必就是循环可测的。

定义 2.7（泊松过程，Poisson process）　泊松过程在随机过程中有两种定义，但实质上这两种定义是等价的，下面分别描述这两种定义。

第一种定义为：计数过程 $\{N(t), t \geq 0\}$ 是参数（或者强度）为 λ 的泊松过程（其中相应的质点出现的随机时刻 $t_1, t_2, \cdots, t_n$ 叫强度为 λ 的泊松流），若 $N(t)$ 满足：

（1）$N(0) = 0$；

（2）$\{N(t), t \geq 0\}$ 是平稳的独立增量过程（在不重叠的区间上的增量互相独立）；

（3）对于任意的 $t \geq 0$，计数过程 $N(t)$ 服从参数为 λt 的泊松分布，即 $P(N(t) = k) = \dfrac{(\lambda t)^k}{k!} \mathrm{e}^{-\lambda t}$，其中 $k = 0, 1, 2, \cdots$。

第二种定义：为计数过程 $\{N(t), t \geq 0\}$ 是参数（或者强度）为 λ 的泊松过程，若 $N(t)$ 满足：

（1）$N(0) = 0$；

（2）$\{N(t), t \geq 0\}$ 是平稳的独立增量过程（在不重叠的区间上的增量互相独立）；

（3）对于充分小的 Δt，事件在时间段 $(t, t + \Delta t)$ 发生一次的概率为 $\lambda \Delta t + o(\Delta t)$，即 $P(N(t + \Delta t) - N(t) = 1) = \lambda \Delta t + o(\Delta t)$；

（4）对于充分小的 Δt，事件在时间段 $(t, t + \Delta t)$ 发生一次以上的概率为 $o(\Delta t)$，即 $P(N(t + \Delta t) - N(t) > 1) = o(\Delta t)$。

在现实世界中，许多偶然发生的事件都可以用泊松分布来描述，随机数取值的随机过程可以用泊松过程来刻画。这类随机数取值都是与时间间隔长度有关的正整数，在不重叠的时间间隔内彼此是独立的，并且取值的概率只与时间间隔长度有关，而与取值的初始时刻无关。可以用严格的数学理论来证明，符合上述条件与时间有关的随机数是服从泊松分布的。

定义 2.8（马尔可夫过程，Markov process） 令随机过程 $\{X(t), t \in T\}$ 的状态空间是 S，$t_1 < t_2 < \cdots < t_n \in T$，如果对于任意的 $n \geqslant 2$，$X(t_n)$ 在条件 $X(t_i) = x_i$，$x_i \in S$，$i = 1, 2, \cdots, n$ 下的条件分布函数与在条件 $X(t_{n-1}) = x_{n-1}$ 下的条件分布函数相等，那么称随机过程 $\{X(t), t \in T\}$ 具有马尔可夫性（或者无后效性），并且称随机过程 $\{X(t), t \in T\}$ 是马尔可夫过程。如果随机过程是马尔可夫过程，那么它在当前状态下未来的变化趋势不依赖于它的过去，只有变量的当前值与未来的变化趋势有关。

马尔可夫过程与随机最优控制密切相关。随机动态规划要求状态变量的变化是马尔可夫过程，即随机过程在已知时刻到 t 时刻信息条件下的未来行为与从 X_t 出发进行此过程的未来行为相同。

定义 2.9（平稳分布） 令随机过程 $\{X(t), t \geqslant 0\}$ 是齐次马尔可夫链，它的状态空间为 S，转移概率为 p_{ij}，如果概率分布 $\{\pi_j, j \in S\}$ 满足：

$$\begin{cases} \pi_j = \sum_{i \in S} \pi_i p_{ij}, \\ \sum_{j \in S} \pi_j = 1, \ \pi_j \geqslant 0, \end{cases} \tag{2.8}$$

则称 $\{\pi_j, j \in S\}$ 是马尔可夫链的平稳分布。

定义 2.10（停时） 如果一个映射 $\tau : \Omega \rightarrow [0, \infty)$ 对于任意的 $t \geqslant 0$ 有 $(\tau \leqslant t) = \{\omega \in \Omega \mid \tau(\omega) \leqslant t\} \in F_t$，那么称这个映射为一个 $(\{F_t\}_{t \geqslant 0})$ 停时。

从停时的定义可以看出，停时是只依赖于此时刻以及此时刻之前的信息，而与未来无关的一类随机变量。显然，不依赖于 ω 的常

时刻 t 是停时的特殊情况。

定义 2.11（鞅，martingale） 设 $X(t)$ 是 F_t-适应并且 $EX(t) < \infty$，对于任意的 $t > s \geqslant 0$，

（1）如果几乎处处有 $E(X(t) \mid F_s) = X(s)$，那么称实值随机过程 $\{X(t)\}$ 为一个连续的（$\{F_t\}_{t \geqslant 0}$）鞅（martingale）；

（2）如果几乎处处有 $E(X(t) \mid F_s) \leqslant X(s)$，那么称实值随机过程 $\{X(t)\}$ 为一个连续的（$\{F_t\}_{t \geqslant 0}$）上鞅（supermartingale）；

（3）如果几乎处处有 $E(X(t) \mid F_s) \geqslant X(s)$，那么称实值随机过程 $\{X(t)\}$ 为一个连续的（$\{F_t\}_{t \geqslant 0}$）下鞅（submartingale）。

换句话说，若一个随机变量的时间序列没有呈现出任何趋势性，就被称之为鞅。而若一个随机变量的时间序列一直趋向下降，则称之为上鞅；若一个随机变量的时间序列一直趋向上升，则称之为下鞅。鞅的未来变化的趋势是无法预测到的，是随机的。除此之外，如果 $X(t)$ 为一个鞅，并且 $X(t) \in L^2([0, T]; \mathbf{R})$，那么称 $X(t)$ 是平方可积鞅。也就是说，如果鞅 $X(t)$ 存在有限二阶矩 $E(X(t))^2 < \infty$，那么鞅 $X(t)$ 是平方可积鞅。

定义 2.12（局部鞅） 如果对于非减停时序列 $\{\tau_i\}_{i \geqslant 1}$ 有 $P(\lim_{i \to \infty} \tau_i = \infty) = 1$，并且对于任意的 i，$X(t \wedge \tau_i)$ 都是鞅，那么称实值随机过程 $\{X(t)\}$ 是局部（$\{F_t\}_{t \geqslant 0}$）鞅。除此之外，我们很容易验证非负局部鞅为一个上鞅。

定义 2.13（布朗运动，Brownian motion） 在过滤概率空间 $(\Omega, F, \{F_t\}_{t \geqslant 0}, P)$ 上，在 $\mathbf{R}^n$ 中取值的实随机过程 $\{W(t), t \geqslant 0\}$ 被称作参数为 σ^2 的 n 维 Brown 运动，如果满足：

（1）$W(0) = 0$，$W(t)$ 是关于 t 的连续函数；

（2）$\{W(t), t \geqslant 0\}$ 是平稳的相互独立增量的过程，即对于任意的 $t > s \geqslant 0$，$W(t) - W(s)$ 对彼此互不相交的区间 (t, s) 都是相

互独立的，并且与 $W(t)$ 也是相互独立的；

（3）$\{W(t), t \geq 0\}$ 的增量服从正态分布，即对于任意的 $t > s \geq 0$，$W(t) - W(s) \sim N(0, \sigma^2(t - s))$。

如果 $\sigma = 1$，我们称其为 n 维标准 Brown 运动。除此之外，布朗运动也被称作维纳过程。我们很容易得到 Brown 运动下面的 3 个性质：

（1）Brown 运动 $\{W(t), t \geq 0\}$ 关于 $\{F_t\}_{t \geq 0}$ 是一个连续鞅。

（2）Brown 运动 $\{W(t), t \geq 0\}$ 关于 $(\Omega, F, \{F_t\}_{t \geq 0}, P)$ 是马尔可夫过程；

（3）Brown 运动 $\{W(t), t \geq 0\}$ 是具有转移函数的马尔可夫过程，即齐次马尔可夫过程。

定义 2.14（Dickson-Hipp 算子） 令 f 是 $\mathbb{R}^+$ 上的连续函数，对于 $r \geq 0$，Dickson-Hipp 算子定义如下：

$$T_r f(x) = \int_x^\infty e^{-r(u-x)} f(u) \mathrm{d}u。 \tag{2.9}$$

我们可以将 r 由非负实数域推广到非负实部的复数域，其中复数 r 使得式（2.9）中的积分绝对可积。Dickson-Hipp 算子具有以下两个重要的性质：

（1）$T_r f(0) = \hat{f}(r)$，其中 $\hat{f}(r) = \int_0^\infty e^{-sx} f(x) \mathrm{d}x$，表示 f 的拉普拉斯变换；

（2）可交换性：$T_{r_1} T_{r_2} f(x) = T_{r_2} T_{r_1} f(x) = \dfrac{T_{r_1} f(x) - T_{r_2} f(x)}{r_2 - r_1}$，$r_1 \neq r_2$。

定义 2.15（更新方程） 令 $a(t)$ 是定义在区间 $[0, \infty)$ 上的已知函数，$K(t)$ 是定义在区间 $[0, \infty)$ 上的非负可测函数，$A(t)$ 是定

义在区间 $[0, \infty)$ 上的未知函数方程，并且 $A(t) = a(t) + \int_0^t A(t-s)\mathrm{d}K(s)$，$t \geqslant 0$。如果 $\int_0^\infty K\,\mathrm{d}t = 1$，则称方程 $A(t)$ 为规范更新方程（简称更新方程）；如果 $\int_0^\infty K\,\mathrm{d}t < 1$，则称方程 $A(t)$ 为瑕疵更新方程。

定理 2.1（伊藤引理）　令 $0 = t_0 < t_1 < t_2 < \cdots < t_n = T$，对于 $t_k \leqslant t \leqslant t_{k+1}$，定义伊藤积分如下：

$$I(t) = \int_0^t \Delta u\,\mathrm{d}W_u = \sum_{j=0}^{k-1} \Delta t_j \left[W_{t_{j+1}} - W_{t_j} \right] + \Delta t_k \left[W_t - W_{t_k} \right] \quad (2.10)$$

很容易证明 Brown 运动 $W(t)$ 满足 $\mathrm{d}W_t \cdot \mathrm{d}W_t = \Delta t$。除此之外，伊藤积分 $I(t)$ 有如下性质：

（1）伊藤积分 $I(t)$ 是 F_t-可测的；

（2）伊藤积分 $I(t)$ 是一个鞅；

（3）$E\left[I(t) \right]^2 = E \int_0^t \Delta^2 u\,\mathrm{d}u$。

如果函数 $f(t, x)$ 在 t 处 m 阶连续可微并且在 x 处 n 阶连续可微，我们将 $f(t, x)$ 记作 $f(t, x) \in C^{m,n}$。利用 $\mathrm{d}W_t \cdot \mathrm{d}W_t = \Delta t$ 与泰勒展开式，对于函数 $f(t, W_t) \in C^{1,2}$，我们很容易得到伊藤过程如下：

$$\mathrm{d}f(t, W_t) = \left(f_t + \frac{1}{2} f_{xx} \right)\mathrm{d}t + f_x\,\mathrm{d}W_t \, 。 \quad (2.11)$$

对于函数 $f(t, X(t)) \in C^{1,2}$，若 $X(t)$ 是布朗半鞅，则很容易得到伊藤过程如下：

$$\mathrm{d}f(t, X(t)) = f_t(t, X(t)) + f_x(t, X(t))\mathrm{d}X(t)$$

$$+ \frac{1}{2} f_{xx}(t, X(t))\mathrm{d}[X, X](t) \quad (2.12)$$

对以上两个式子两边分别积分，得到对应的伊藤公式如下：

$$f(t, W_t) = f(0, W_0) + \int_0^t \left(f_t + \frac{1}{2} f_{xx} \right) ds + \int_0^t f_x dW_s,$$

$$(2.13)$$

$$f(t, X(t)) = f(0, X(0)) + \int_0^t f_s(s, X(s)) ds$$

$$+ \int_0^t f_x(s, X(s)) dX(s)$$

$$+ \frac{1}{2} \int_0^t f_{xx}(s, X(s)) d[X, X](s) \qquad (2.14)$$

定理 2.2（鞅表示定理）　在过滤概率空间 $(\Omega, F, \{F_t\}_{t \geqslant 0}, P)$ 上，假设 $\{F_t\}_{t \geqslant 0}$ 是由标准 Brown 运动 W_t 生成的自然过滤，如果 $X(t)$ 是一个平方可积鞅，那么存在唯一的 $\varphi(\cdot) \in L^2([0, T]; \mathbf{R}^n)$，对于任意的 $t \in [0, T]$，几乎处处有

$$X(t) = X(0) + \int_0^t \varphi(s) dW_s。 \qquad (2.15)$$

定理 2.3（贝叶斯定理）　在 $0 \leqslant s \leqslant t \leqslant T$ 上，$z(t)$ 是一个鞅，新的概率测度 $\tilde{P} = E(I_A z(T))$，其中事件 $A \in F_T$，$\tilde{P}$ 被称作 P 的等价鞅测度。如果 Y 是 F_t-可测的随机变量并且 $\tilde{E}|Y| < \infty$，那么 $\tilde{E}[Y \mid F_s] = \dfrac{1}{z(s)} E[Yz(t) \mid F_s]$，其中 $\tilde{E}$ 为新的概率测度 $\tilde{P}$ 对应的期望算子。

我们从下面开始，给出随机控制最优问题的一些结论。首先给定一个受控系统：

$$\begin{cases} dx(t) = g(t, x, u) dt + \sigma(t, x, u) dW_t, \\ x(0) = x。 \end{cases} \qquad (2.16)$$

具体的形式为函数 $g(t, x, u) = (g_1(t, x, u), g_2(t, x,$

u）, $\cdots$, $g_n(t, x, u)$）, 其中, $g(\cdot, \cdot, \cdot)$: $[0, T] \times \mathbf{R}^n \times \mathbf{R}^r \to \mathbf{R}^n$; 函数 $\sigma(t, x, u) = (\sigma_{ij}(t, x, u))_{n \times m}$, 其中, $\sigma(\cdot, \cdot, \cdot)$: $[0, T] \times \mathbf{R}^n \times \mathbf{R}^r \to \mathbf{R}^{n \times m}$。我们将在 n 维欧式空间 $\mathbf{R}^n$ 中取值的随机过程 $x(t)$ 称作系统的状态过程（亦称为系统的受控过程），将在 r 维欧式空间 $\mathbf{R}^r$ 中取值的随机过程 $u(t)$ 称作系统的控制过程。另外，我们将 $U = \{u(t) \mid u: [0, T] \to \mathbf{R}^r, \forall t \in [0, T]\}$ 称作允许控制集，其中 $u(t)$ 是关于 F_t-可测的与适应的。

找两个函数 $f(t, x, u)$: $[0, T] \times \mathbf{R}^n \times \mathbf{R}^r \to \mathbf{R}$ 与 $h(t, x)$: $[0, T] \times \mathbf{R}^n \to \mathbf{R}$，并且假设对于任意的 $t \in [0, T]$ 以及任意的 $u \in U$，始终存在不依赖于 t, x, u 的正数 K 能够满足 $|\hat{g}(t, x, u) - \hat{g}(t, y, u)| \leqslant K \|x - y\|$，其中 $\hat{g}$ 代表 g_i，σ_{ij}，f。

我们将受控系统（2.16）的性能指标定义成

$$J(t, x; u) = E\Big[\int_t^T e^{-\int_0^t \beta(s)ds} f(s, x, u)ds + e^{-\int_0^T \beta(s)ds} h(T,$$

$$x(T))\Big], \tag{2.17}$$

其中, $e^{-\int_0^t \beta(s)ds}$ 叫做折现因子。研究随机系统的最优控制问题，实质上就是寻找到 $u^*(\cdot) \in U$ 使得

$$V(x) = J(t, x; u^*) = \sup_{u(\cdot) \in U} J(t, x; u) \tag{2.18}$$

或者

$$V(x) = J(t, x; u^*) = \inf_{u(\cdot) \in U} J(t, x; u)。 \tag{2.19}$$

我们将 u^* 叫做该问题的最优控制，将 $V(x)$ 叫做上述问题（2.18）或者（2.19）的值函数。由于（2.18）与（2.19）只相差一个负号，所以我们后面只分析问题（2.18）。假设 $V(t, x) = \sup_{u(\cdot) \in U} J(t, x; u)$，接下来给出三个非常重要的定理。

定理 2.4（Bellman 最优化原理，亦称动态规划原理） 对于任意的 $(t, x) \in [0, T] \times \mathbf{R}^n$ 以及任意的 $s \in [0, T]$，有

$$V(t, x) = \sup_{u(\cdot) \in U} E^{t, x} \left[\int_t^s e^{-\int_t^\tau \beta(v) dv} f(r, x, u) dr + e^{-\int_t^s \beta(v) dv} V(s, x) \right],$$

$$(2.20)$$

其中，用 $E^{t, x}$ 表示初始时间为 t 的条件期望算子。

动态规划是运筹学的一个非常重要的分支，是寻找最优化决策过程的重要的数学方法。Bellman 最优化原理，是用来解决最优化问题的，是把多阶段的过程分解成一系列单阶段，利用各个阶段的关系逐一进行求解。此类问题一般情况下会有多个可行解，每一个可行解都有一个值对应，我们需要寻找一个最优值（最小值或者最大值）的解。由于可能有多个解都会达到最优值，但我们在求解最优值的时候找到其中一个就可以，即动态规划原理是找出原问题的其中一个最优解。动态最优化原理直观地表示，如果 t 以后使用最优控制，那么在 t 之前的局部最优控制已经给出了全局最优控制。

定理 2.5 对于任意的 $t > 0$，值函数 $V(t, x)$ 是关于 t 的一阶连续可微函数，关于 x 的二阶可微连续函数，那么 $V(t, x)$ 是下面偏微分方程（2.21）的解。偏微分方程（2.21）叫做最优控制问题所对应的 HJB（Hamilton-Jacobi-Bellman）方程，亦被称作动态规划方程，它是动态规划原理微分算子形式。

$$\beta(t) V(t, x) = \frac{\partial V}{\partial t}(t, x) + \sup_{u \in U} H(t, x, D_x V, D_x^2 V),$$

$$V(T, x) = e^{-\int_0^T \beta(s) ds} h(T, x)。 \qquad (2.21)$$

其中，

$$H(t, x, D_x V, D_x^2 V) = g(t, x, u) D_x V$$

$$+ \frac{1}{2} \mathrm{tra}(t, x, u) D_x^2 V + f(t, x, u),$$

$$a(t,\ x,\ u)=\sigma(t,\ x,\ u)\sigma(t,\ x,\ u)^{\mathrm{T}},$$

$$D_x V=(V_{x_1},\ V_{x_2},\ \cdots,\ V_{x_n})^{\mathrm{T}},$$

$$D_x^2 V=(V_{x_i}V_{x_j})_{n\times n}, \tag{2.22}$$

$$V_{x_i}=\frac{\partial V}{\partial x_i}(t,\ x,\ u),$$

$$V_{x_i}V_{x_j}=\frac{\partial^2 V}{\partial x_i \partial x_j}(t,\ x,\ u),\ i,\ j=1,\ 2,\ \cdots,\ n\,。$$

HJB 方程是动态规划原理的微分算子形式，有了 HJB 方程，我们就可以通过求解偏微分方程获得其最优策略与值函数的候选解，然后利用伊藤引理来验证这个解就是最优化问题的值函数，同时与其对应的马尔可夫策略是最优策略。在解决实际问题时，通过利用相对应的 HJB 方程可能不能直接求出最优问题的解，但是 HJB 方程中已经包含了足够多的信息，可以根据这些信息来做一些定性分析。求解动态最优模型时经常需要用到 HJB 方程，可以根据实际问题给出具体对应的 HJB 方程。如果 HJB 方程的解对于 t 是一阶可导，对于 x 是二阶可导，并且所有的导数都是连续的，那么将这个解称之为 HJB 方程的光滑解或者经典解，记作 $C^{1,2}$。

定理 2.6（验证性定理）　如果 $W(t,\ x)\in C^{1,2}$ 是带有边界条件的 HJB 方程的经典解，那么有下面两个结论：

（1）对于任意的 $u\in U$，有 $J(t,\ x;\ u)\geqslant W(t,\ x)$；

（2）如果存在一个允许控制策略 $u^*(\cdot)$，使得几乎处处有 $u^*(\cdot)\in \mathrm{argsup}H(t,\ x,\ D_x V,\ D_x^2 V)$，那么 $J(t,\ x;\ u^*)=V(t,\ x)=W(t,\ x)$。

上面是针对有限时域的随机控制问题，对于无限时域的随机控制问题，受控系统的性能指标将被定义为：

$$J(t,\ x;\ u)=E\left[\int_t^\infty \mathrm{e}^{-\int_0^s \beta(r)\mathrm{d}r}f(s,\ x,\ u)\mathrm{d}s\right] \tag{2.23}$$

此时，对于无限时域的随机控制问题的验证性定理可以描述如下：

（1）对于任意的 $u \in U$，有 $J(t, x; u) \geqslant W(t, x)$，并且有 $\liminf\limits_{t \to \infty} e^{-\int_0^t \beta(r)\mathrm{d}r} E(W(t, x)) \leqslant 0$；

（2）如果存在一个允许控制策略 $u^*(\cdot)$，使得几乎处处有 $u^*(\cdot) \in \mathrm{argsup} H(t, x, D_x V, D_x^2 V)$，并且有 $\limsup\limits_{t \to \infty} e^{-\int_0^t \beta(r)\mathrm{d}r} E(W(t, x^{u^*})) \geqslant 0$，其中 x^{u^*} 是 $u^*(\cdot)$ 受控系统相对应的轨道，那么 $J(t, x; u^*) = V(t, x) = W(t, x)$。

在求解动态规划问题时，我们通过验证性定理得到的值函数的光滑解（对于 t 是一阶可导，对于 x 是二阶可导，并且所有的导数都是连续的）一般需要非常强的条件保证。如果值函数并不能满足足够光滑的条件，比如在某些点或者某些区域不连续或者不可导，此时验证性定理不成立，我们就可以用粘性解的方法来求解 HJB 方程。

第三章　公司破产模型及其精算量

第一节　引言

在经典风险模型中我们没有考虑利率与扰动的影响，然而在现实世界中，由于经济金融危机、国家政策调控的改变、世界局势的变化等，都会对模型产生很多不确定因素的改变，因此，在经典风险模型中加入扰动项会使得模型更符合现实世界，扰动项包含了模型主要变量以外的信息。另外，公司的资产盈余也会产生一定的利息。为了使得公司破产模型更符合实际，本章构造了常利率带扰动的经典风险模型，使得问题的研究更具有现实意义。本章主要是总结验证前人的文献中得到的结论，目的是使本书的结构更加完整。

第二节　Barrie 分红策略下常利率带扰动的经典风险模型

在本章中，我们将研究 Barrie 分红策略下常利率带扰动的经典风险模型。在 Barrie 分红策略下，公司的盈余水平达到 b（b 为一个正的常数）时，超出 b 的部分立即全部用来发放红利，直到盈余水平回到 b；如果公司的盈余水平达不到 b，则公司不进行分红。另外，为了叙述上更加完整，首先要介绍经典风险模型。1903 年，瑞典精算师 Lundberg 在他的博士论文中第一次提出了经典风险模型，这是最早的风险模型,第一次系统地研究了风险理论,奠定了破产理论的基础。1930 年,瑞典学派继承人 Harald Cramér 在 Lundberg 的基础上继续完善该模型,发展了 Lundberg 的理论,加入了随机过程,用一个具有时间齐次性与平稳独立增量性的复合泊松过程来描述该模型,用更加严谨的数学理论建立了保险理论与随机过程的关系,因此经典风险模型亦被称作 Cramér-Lundberg 风险模型。

在经典风险模型中,公司的盈余可以表示为

$$X(t) = x + \mu t - \sum_{i=1}^{N_t} Z_i ,\tag{3.1}$$

其中,$x = X(0)$ 表示公司的初始盈余,$\mu > 0$ 表示单位时间的保费收入,$\sum_{i=1}^{N_t} Z_i$ 表示截止到时刻 t 的累积理赔大小。N_t 表示时间段 $(0, t]$ 内发生的理赔次数,$\{N_t, t \geqslant 0\}$ 是理赔计数过程,是一个强度为 $\lambda > 0$ 的齐次泊松过程。令 T_1 是第一次发生理赔的时刻,令 T_i($i \geqslant 2$,$i \in \mathbf{N}$)是第 $i-1$ 次发生理赔与第 i 次发生理赔之间的时间间隔,那么理赔时间间隔 $\{T_i, i \in \mathbf{N}_+\}$ 是一个独立同分布且参数为 λ 的指数随机变量序列,理赔计数过程可以表示成 $N_t = \max\{n; T_1 + T_2 + \cdots + T_n \leqslant t\}$;$Z_i$ 表示第 i 次理赔的大小,$\{Z_i, i \in \mathbf{N}_+\}$ 是取值为正的独立同分布的随机变量序列。共同的分布函数为 $F(x)$,$F(0) = 0$,密度函数为 $f(x)$,期望为 m,均方差为 n;$N = \{N_t, t \geqslant 0\}$ 与 $\{Z_i, i \in \mathbf{N}_+\}$ 是相互独立的,$X(t)$ 表示公司在时刻 t 的盈余,由于未来时刻的盈余是未知的,所以 $\{X(t), t \geqslant 0\}$ 是一个连续时间的随机过程。

定义 3.1 为了保证公司持续稳定地运行,需要满足 $\mu t - E(\sum_{i=1}^{N_t} Z_i) = (\mu - \lambda m)t > 0$,即 $\mu > \lambda m$。令 $\mu = (1+\rho)\lambda m$,即 $\rho =$

$\dfrac{\mu}{\lambda m} - 1$，其中 $0 < \rho < 1$，我们将 ρ 称为经典风险模型的相对安全负载，此时有 $\lim\limits_{t \to \infty} X(t) = \infty$。

定义 3.2　由于 $0 < \rho < 1$，我们有 $\dfrac{\lambda}{\mu} \displaystyle\int_0^\infty [1 - F(X)] \mathrm{d}x = \dfrac{1}{1+\rho} < 1$。如果方程 $\dfrac{\lambda}{\mu} \displaystyle\int_0^\infty \mathrm{e}^{Rx} [1 - F(X)] \mathrm{d}x = 1$ 存在唯一的正数解 R，则将 R 称为经典风险模型（3.1）的调节系数。

定义 3.3　公司会设定一个参照值来制定相对应的策略以规避风险，当公司的盈余水平小于这个参照值时，我们就认为公司发生破产。在本书中，将这个参照值设定为 0。将公司的盈余水平小于或者等于 0 的时刻称之为破产时刻，记作

$$T = \inf\{t \geqslant 0 : X(t) \leqslant 0\}。 \tag{3.2}$$

破产概率包括有限破产概率与最终破产概率，表示的是公司破产的可能性大小，是衡量公司风险大小的重要度量工具，在一定程度上反映了公司是否可以稳定运行。对于给定的时刻 T_0，我们将时刻 T_0 之前发生破产的概率称之为有限破产概率，记作

$$\begin{aligned} \psi(x, T_0) &= P\{ \bigcup_{0 < t < T_0} [X(t) < 0] \mid X(0) = x\} \\ &= P\{T < T_0 \mid X(0) = x\}。 \end{aligned} \tag{3.3}$$

如果 $T_0 \to \infty$，就称之为最终破产概率，记作

$$\psi(x) = P\{\bigcup_{t > 0} [X(t) < 0] \mid X(0) = x\} = P\{T < \infty \mid X(0) = x\}。$$

$$\tag{3.4}$$

从上述定义我们可以看出，有限破产概率与最终破产概率都是关于初始盈余的条件概率，两种破产概率相对应的生存概率分别记作 $\varphi(x, T_0) = 1 - \psi(x, T_0)$ 与 $\varphi(x) = 1 - \psi(x)$。

在经典风险模型中，Lundberg 与 Cramér 得到了以下重要

结论：

（1）如果公司的初始盈余 $x = X(0) = 0$，那么公司破产概率与 Z_i 的具体分布无关，并且 $\psi(0) = \dfrac{1}{1+\rho}$，这也表明此时公司的破产概率只与相对安全负载 ρ 有关；

（2）Lundberg 不等式：$\psi(x) \leqslant \mathrm{e}^{-Rx}$，这表明破产概率存在一个指数上界；

（3）Cramér-Lundberg 近似：存在 $C > 0$，使得 $\lim\limits_{x \to \infty} \mathrm{e}^{Rx}\psi(x) = C$，这表明公司的初始盈余很大时破产不容易发生。

Feller（1969）首次利用更新方法得到了经典风险模型的破产概率所满足的积分方程：

$$\psi(x) = \frac{\lambda}{\mu}\left\{\int_0^x \psi(x-y)\mathrm{d}y + \int_x^\infty [1-F(y)]\mathrm{d}y\right\}, \qquad (3.5)$$

式（3.5）是一个瑕疵更新方程，此时可以在式（3.5）两边都乘以 e^{Rx} 将其转化为规范更新方程，这样就可以利用关键更新定理得到破产概率的渐近表达式为

$$\psi(x) \sim \frac{\int_0^\infty \mathrm{e}^{Ry}\left\{\int_y^\infty [1-F(x)]\mathrm{d}x\right\}\mathrm{d}y}{\int_0^\infty \mathrm{e}^{Ry}[1-F(y)]\mathrm{d}y}\mathrm{e}^{-Ry}, \quad x \to \infty。 \qquad (3.6)$$

随着金融数学的发展，风险测度的研究受到了越来越多人的重视。Gerber 等（1987）分析了经典风险模型下的破产赤字分布，推导出了该风险测度下所满足的积分微分方程，并且得到了当理赔服从混合指数分布与混合伽马分布时破产赤字分布的解析表达式。Dickson（1992）分析了经典风险模型下的破产前瞬时盈余分布，并得到了著名的 Dickson 公式。著名精算大师 Gerber 和 Shiu 于 1997 年分析了经典风险模型下的破产前瞬时盈余与破产赤字的联合分

布，用新的方法证明了 Dickson 公式，并于 1998 年利用随机过程与随机分析，将鞅的理论与方法应用到风险理论中，提出了将破产概率、破产赤字、破产前瞬时盈余等精算量统一化的 Gerber-Shiu 期望折现罚金函数，许多与破产有关的问题最终都转化成了计算 Gerber-Shiu 期望折现罚金函数，由此打开了风险理论研究的新篇章。随着风险理论的发展，许多学者利用此函数去探讨风险模型中的分红问题，Gerber-Shiu 期望折现罚金函数在很大程度上推广了破产概率，成为研究公司破产与分红问题的一个重要的度量工具。

定义 3.4　我们将经典风险模型（3.1）中的 Gerber-Shiu 期望折现罚金函数定义为

$$\varphi(x) = E[e^{-\delta T} \omega(X(T-), \ |X(T)|) I_{\{T < \infty\}} \ | \ X(0) = x],$$

$$(3.7)$$

其中，非负数 δ 为折现因子，$I_{\{T < \infty\}}$ 为关于事件 $\{T < \infty\}$ 的示性函数，罚金函数 $\omega(\cdot, \ \cdot)$ 为定义在 $[0, \ \infty) \times (0, \ \infty)$ 上的非负可测函数，$X(T-)$ 为公司破产前瞬时盈余，$|X(T)|$ 为公司破产赤字。

接下来，我们通过 Gerber-Shiu 期望折现罚金函数中折现因子 δ 取不同值以及非负可测函数 ω 取不同形式的函数，得到之前研究中的破产概率、破产时间的拉普拉斯变换、破产前瞬时盈余与破产赤字的分布等精算量。

（1）当 $\delta = 0, \omega \equiv 1$ 时，得到破产概率；

（2）当 $\delta > 0, \omega \equiv 1$ 时，得到破产时刻的拉普拉斯变换（也可以说是折现的破产概率）；

（3）当 $\delta = 0, \omega(x, \ y) = I_{\{x \leqslant x_0\}}$ 或者 $\omega(x, \ y) = I_{\{y \leqslant y_0\}}$ 时，得到破产前瞬时盈余的分布或者破产赤字的分布函数；

（4）当 $\delta = 0, \omega(x, \ y) = I_{\{x \leqslant x_0, \ y \leqslant y_0\}}$ 时，得到破产前瞬时盈余与破产赤字的联合分布函数；

（5）当 $\delta=0$，$\omega(x，y)=I_{\{x+y\leqslant x_0\}}$ 时，得到理赔额的分布；

（6）当 $\delta=0$，$\omega(x，y)=\delta_x(x)$ 或者 $\omega(x，y)=\delta_y(y)$ 时，得到破产前瞬时盈余或者破产赤字的密度函数，其中 δ_x 与 δ_y 分别表示关于 x 与关于 y 的狄拉克 δ 函数（在除 0 以外的点上都等于 0，且其在整个定义域上的积分等于 1）；

（7）当 $\delta=0$，$\omega(x，y)=\delta_{x，y}(x，y)$ 时，得到破产前瞬时盈余与破产赤字的联合密度函数，其中 $\delta_{x，y}$ 表示关于 x 与 y 的二元狄拉克 δ 函数；

（8）当 $\delta=0$，$\omega(x，y)=x^\alpha y^\beta$ 时，得到破产前瞬时盈余与破产赤字的矩，其中 $\alpha，\beta\in\mathbf{N}$。

在经典风险模型（3.1）中，我们没有考虑利率与扰动的影响，然而在现实世界中，由于经济金融危机、国家政策调控的改变、世界局势的变化等，都会对模型产生很多不确定因素的改变，因此，在经典风险模型中加入扰动项会使得模型更符合现实世界，扰动项包含了模型主要变量以外的信息。另外，公司的资产盈余也会产生一定的利息。为了使得风险模型更符合实际，本章主要研究常利率带扰动的经典风险模型，公司的盈余可以表示为

$$
\begin{aligned}
X(t) &= \mathrm{e}^{rt}\left[x+\mu\int_0^t\mathrm{e}^{-rs}\,\mathrm{d}s+\sigma\int_0^t\mathrm{e}^{-rs}\,\mathrm{d}W_s-\sum_{i=1}^{N_t}\mathrm{e}^{-rT_i}Z_i\right] \\
&= \mathrm{e}^{rt}x+\mu\int_0^t\mathrm{e}^{r(t-s)}\,\mathrm{d}s+\sigma\int_0^t\mathrm{e}^{r(t-s)}\,\mathrm{d}W_s-\sum_{i=1}^{N_t}\mathrm{e}^{r(t-T_i)}Z_i \\
&= \mathrm{e}^{rt}x+\frac{\mu}{r}(\mathrm{e}^{rt}-1)+\sigma\int_0^t\mathrm{e}^{r(t-s)}\,\mathrm{d}W_s-\sum_{i=1}^{N_t}\mathrm{e}^{r(t-T_i)}Z_i \qquad (3.8)
\end{aligned}
$$

其中，$r>0$ 为公司在盈余过程中收取的利率，$\{W_t，t\geqslant 0\}$ 为该空间上的一维标准布朗运动，表示公司的未确定收益，σ 是其扩散系数，其余变量表示的含义与经典风险模型（3.1）表示的含义是一致的。另外，$\{N_t，t\geqslant 0\}$，$\{Z_i，i\in\mathbf{N}_+\}$，$\{W_t，t\geqslant 0\}$ 三者是彼

此相互独立的。我们用 $D(t)$ 表示公司截止到时刻 t 的累积分红，修正的公司盈余应为 $X(t) - D(t)$。

我们将在下面讨论 Barrie 分红策略下常利率带扰动的经典风险模型的期望折现分红函数、Gerber-Shiu 期望折现罚金函数。为了讨论方便，我们仅考虑公司破产发生时将不再继续进行分红的情况。

第三节　期望折现分红函数

定义 3.5　对于 $t \geqslant 0$，非负数 δ 为折现因子，$D(t)$ 表示公司截止到时刻 t 的累积分红，用 D_x 表示在 $(0, T]$ 内公司初始盈余为 x 的累积折现分红函数，则

$$D_x = \int_0^T \mathrm{e}^{-\delta t}\, \mathrm{d}D(t)。 \qquad (3.9)$$

用 $V(x)$ 表示累积折现分红函数 D_x 的期望，则

$$V(x) = E[D_x \mid X(0) = x]。 \qquad (3.10)$$

定理 3.1　对于 $0 < x < b$，期望折现分红函数 $V(x)$ 所满足的积分-微分方程如下：

$$\frac{\sigma^2}{2}V''(x) + (rx + \mu)V'(x) - (\lambda + \delta)V(x) + \lambda \int_0^x V(x-y)f(y)\mathrm{d}y =$$

$$0, \qquad (3.11)$$

满足的边界条件为

$$\begin{cases} V(0) = 0, \\ V'(b) = 1。 \end{cases} \qquad (3.12)$$

证明：考虑在一个无穷小时间段 $(0, \Delta t)$，其中 $\Delta t \to 0$，并且在 Δt 时刻公司资产盈余不会超过分红边界 b。利用过程的强马尔可夫性质，对于第一次理赔发生的时刻 T_1 与第一次理赔额 Z_1，我

们有

$$V(x) = E[D_x \mid X(0) = x]$$

$$= E\left[\int_0^T e^{-\delta t} dD(t) \mid X(0) = x\right]$$

$$= E\left[I_{\{T_1 > \Delta t\}} \int_0^T e^{-\delta t} dD(t) \mid X(0) = x\right]$$

$$+ E\left[I_{\{T_1 \leqslant \Delta t\}} \int_0^T e^{-\delta t} dD(t) \mid X(0) = x\right]。$$

令

$$\begin{cases} G_1 = E\left[I_{\{T_1 > \Delta t\}} \int_0^T e^{-\delta t} dD(t) \mid X(0) = x\right], \\ G_2 = E\left[I_{\{T_1 \leqslant \Delta t\}} \int_0^T e^{-\delta t} dD(t) \mid X(0) = x\right], \end{cases} \tag{3.13}$$

则

$$V(x) = G_1 + G_2。 \tag{3.14}$$

首先，计算 G_1。

$$G_1 = E\left[I_{\{T_1 > \Delta t\}} \int_0^T e^{-\delta t} dD(t) \mid X(0) = x\right]$$

$$= E\left[E\left(I_{\{T_1 > \Delta t\}} \int_0^T e^{-\delta t} dD(t) \mid X(0) = x \mid F_{\Delta t}\right)\right]$$

$$= E\left[I_{\{T_1 > \Delta t\}} e^{-\delta \Delta t} E\left(\int_0^T e^{-\delta t} dD(t) \mid X(0) = \widetilde{X}(\Delta t)\right)\right]$$

$$= P(T_1 > \Delta t) e^{-\delta \Delta t} E[V(\widetilde{X}(\Delta t))]$$

$$= e^{-(\lambda + \delta) \Delta t} E[V(\widetilde{X}(\Delta t))], \tag{3.15}$$

其中，用 $F_{\Delta t} = \sigma\{X(s), s \leqslant t\}$ 表示由随机过程 $\{X(t), t \geqslant 0\}$ 生成的一个自然 σ-域，$\widetilde{X}(\Delta t) = e^{r\Delta t} x + \dfrac{\mu}{r}(e^{r\Delta t} - 1) + \sigma \int_0^{\Delta t} e^{r(\Delta t - s)} dW_s$。

利用泰勒展开式，可以得到

$$V(\tilde{X}(\Delta t)) = V\left[e^{r\Delta t}x + \frac{\mu}{r}(e^{r\Delta t}-1) + \sigma\int_0^{\Delta t}e^{r(\Delta t-s)}\,\mathrm{d}W_s\right]$$

$$=V(x) + \left[r\Delta tx + \frac{\mu}{r}(e^{r\Delta t}-1) + \sigma\int_0^{\Delta t}e^{r(\Delta t-s)}\,\mathrm{d}W_s\right]V'(x)$$

$$+\frac{1}{2}\left[r\Delta tx + \frac{\mu}{r}(e^{r\Delta t}-1) + \sigma\int_0^{\Delta t}e^{r(\Delta t-s)}\,\mathrm{d}W_s\right]^2 V''(x)$$

$$+o(\Delta t), \tag{3.16}$$

由于 $\int_0^{\Delta t}e^{r(\Delta t-s)}\,\mathrm{d}W_s$ 是一个伊藤积分，所以

$$\begin{cases} E\int_0^{\Delta t}e^{r(\Delta t-s)}\,\mathrm{d}W_s = 0, \\ E\left[\int_0^{\Delta t}e^{r(\Delta t-s)}\,\mathrm{d}W_s\right]^2 = \int_0^{\Delta t}e^{2r(\Delta t-s)}\,\mathrm{d}s, \end{cases} \tag{3.17}$$

利用泰勒展开式，当 $\Delta t \to 0$ 时，很容易得到 $e^{\Delta t} = 1 + \Delta t + o(\Delta t)$。

通过式（3.16）与式（3.17），有

$$E[V(\tilde{X}(\Delta t))] = V(x) + \left[r\Delta tx + \frac{\mu}{r}(e^{r\Delta t}-1)\right]V'(x)$$

$$+\frac{1}{2}\Big[\frac{\mu^2}{r^2}(e^{2r\Delta t}-2e^{r\Delta t}+1) + \frac{\sigma^2}{2r}(e^{2r\Delta t}-1)$$

$$+2(e^{r\Delta t}-1)\Delta t\Big]V''(x)+o(\Delta t)$$

$$=V(x)+(rx+\mu)\Delta tV'(x)+\frac{\sigma^2}{2}\Delta tV''(x)+o(\Delta t)。$$

将上式代入式（3.15），得到

$$G_1 = e^{-(\lambda+\delta)\Delta t}E[V(\tilde{X}(\Delta t))]$$

$$=e^{-(\lambda+\delta)\Delta t}\left[V(x)+(rx+\mu)\Delta tV'(x)+\frac{\sigma^2}{2}\Delta tV''(x)+o(\Delta t)\right]$$

$$=[1-(\lambda+\delta)\Delta t]V(x)+(rx+\mu)\Delta tV'(x)+\frac{\sigma^2}{2}\Delta tV''(x)$$

$$+o(\Delta t)\text{。}\qquad(3.18)$$

接下来，计算 G_2。

$$G_2 = E\left[I_{\{T_1 \leqslant \Delta t\}} \int_0^T e^{-\delta t}\,dD(t) \mid X(0) = x\right]$$

$$= E\left[E\left(I_{\{T_1 \leqslant \Delta t\}} \int_0^T e^{-\delta t}\,dD(t) \mid X(0) = x \mid F_{\Delta t}\right)\right]$$

$$= E\left[I_{\{T_1 \leqslant \Delta t\}} e^{-\delta \Delta t} E\left(\int_0^T e^{-\delta t}\,dD(t) \mid X(0) = \tilde{X}(\Delta t) - Z_1\right)\right]$$

$$= P(T_1 \leqslant \Delta t) e^{-\delta \Delta t} E[V(\tilde{X}(\Delta t) - Z_1)]$$

$$= e^{-\delta \Delta t}(1 - e^{-\lambda \Delta t}) E[V(\tilde{X}(\Delta t) - Z_1)]\text{。}\qquad(3.19)$$

同样利用泰勒展开式，可以得到

$$V(\tilde{X}(\Delta t) - Z_1) = V\left[e^{r\Delta t}x + \frac{\mu}{r}(e^{r\Delta t} - 1) + \sigma \int_0^{\Delta t} e^{r(\Delta t - s)}\,dW_s - Z_1\right]$$

$$= V(x - Z_1) + \left[r\Delta t x + \frac{\mu}{r}(e^{r\Delta t} - 1)\right.$$

$$\left. + \sigma \int_0^{\Delta t} e^{r(\Delta t - s)}\,dW_s\right]V'(x - Z_1)$$

$$+ \frac{1}{2}\left[r\Delta t x + \frac{\mu}{r}(e^{r\Delta t} - 1) + \sigma \int_0^{\Delta t} e^{r(\Delta t - s)}\,dW_s\right]^2 \cdot$$

$$V''(x - Z_1) + o(\Delta t)\text{。}$$

将上式代入式（3.19），有

$$G_2 = e^{-\delta \Delta t}(1 - e^{-\lambda \Delta t}) E[V(\tilde{X}(\Delta t) - Z_1)]$$

$$= [\lambda \Delta t + o(\Delta t)] E[V(\tilde{X}(\Delta t) - Z_1)]$$

$$= \lambda \Delta t E[V(\tilde{X}(\Delta t) - Z_1)] + o(\Delta t)$$

$$= \lambda \Delta t\left[\int_0^x V(x - y)f(y)\,dy + \int_x^\infty V(x - y)f(y)\,dy\right]$$

$$+ o(\Delta t)\text{。}\qquad(3.20)$$

我们仅考虑公司破产发生时将不再继续进行分红的情况，当 $y > x$ 时，有 $V(x-y)=0$，所以式 (3.20) 可以简化为

$$G_2 = \lambda \Delta t \int_0^x V(x-y) f(y) \mathrm{d}y + o(\Delta t)。 \qquad (3.21)$$

由式 (3.18) 与式 (3.21)，结合式 (3.14)，有

$$-(\lambda+\delta)\Delta t V(x) + (rx+\mu)\Delta t V'(x) + \frac{\sigma^2}{2}\Delta t V''(x) + \lambda \Delta t \int_0^x V(x$$

$-y) f(y)\mathrm{d}y + o(\Delta t) = 0。

当 $\Delta t \to 0$ 时，就得到要证明的式 (3.11)。

当公司初始盈余 $X(0)=x=0$ 时，破产会立即发生，此时不会进行分红，所以 $V(0)=0$。

当公司初始盈余 $X(0)=x>b$ 时，公司会把超过分红边界 b 的全部都进行分红，此时的期望折现分红函数为 $V(x)=x-b+V(b)$。当 $x \to b$ 时，对此时期望折现分红函数两边求导，得到 $V'(b)=1$。

综上，我们得到了期望折现分红函数 $V(x)$ 所满足的积分-微分方程以及两个边界条件。

特别地，当 $\lambda=0$，$r=0$ 时，常利率带扰动的经典风险模型变为扩散风险模型：$X(t)=x+\mu t+\sigma W_t$，扩散风险模型是经典风险模型的极限形式。此时，期望折现分红函数 $V(x)$ 满足下面的方程：

$$\frac{\sigma^2}{2}V''(x) + \mu V'(x) - \delta V(x) = 0, \quad 0 < x < b, \qquad (3.22)$$

边界条件为：

$$\begin{cases} V(0)=0, \\ V'(b)=1。 \end{cases} \qquad (3.23)$$

式 (3.23) 与 Gerber 等 (2004) 研究的结论是一致的，并且 Gerber 等 (2004) 还得到了期望折现分红函数 $V(x)$ 的表达式为

$$V(x) = \frac{e^{s_1 x} - e^{s_2 x}}{s_1 e^{s_1 b} - s_2 e^{s_2 b}}, \ 0 < x < b, \tag{3.24}$$

其中，

$$\begin{cases} s_1 = \dfrac{-\mu + \sqrt{\mu^2 - 2\delta\sigma^2}}{\sigma^2}, \\[4mm] s_2 = \dfrac{-\mu - \sqrt{\mu^2 - 2\delta\sigma^2}}{\sigma^2}. \end{cases} \tag{3.25}$$

第四节　累积折现分红函数的矩母函数

定义 3.6　累积折现分红函数 D_x 的矩母函数定义为 e^{yD_x} 的期望，记作 $M(x, y)$，即

$$M(x, y) = E[e^{yD_x} \mid X(0) = x]. \tag{3.26}$$

定理 3.2　对于 $0 < x < b$，累积折现分红函数 D_x 的矩母函数 $M(x, y)$ 所满足的积分-微分方程如下：

$$\frac{\sigma^2}{2} M''_{xx}(x, y) + (rx + \mu)M'_x(x, y) - \delta y M'_y(x, y) -$$

$$\lambda M(x, y) + \lambda \int_0^x M(x - z, y)f(z)\mathrm{d}z + \lambda[1 - F(X)] = 0. \tag{3.27}$$

满足的边界条件为

$$\begin{cases} M(0, y) = 1, \\ M'_x(b, y) = yM(b, y). \end{cases} \tag{3.28}$$

证明：为了方便，将 $M(x, y)$ 的导数分别简记为 $M'_x = \dfrac{\partial M(x, y)}{\partial x}$，$M'_y = \dfrac{\partial M(x, y)}{\partial y}$，$M''_{xx} = \dfrac{\partial^2 M(x, y)}{\partial x^2}$，$M''_{yy} = \dfrac{\partial^2 M(x, y)}{\partial y^2}$，$M''_{xy} = \dfrac{\partial^2 M(x, y)}{\partial x \partial y}$。

考虑在一个无穷小时间段 $(0, \Delta t)$，其中 $\Delta t \to 0$，并且在 Δt 时刻公司资产盈余不会超过分红边界 b。利用过程的强马尔可夫性质，对第一次理赔发生的时刻 T_1 与第一次理赔额 Z_1 取条件，我们有

$$M(x, y) = E[e^{yD_x} \mid X(0) = x]$$
$$= E[E((e^{yD_x} \mid X(0) = x) \mid F_{\Delta t})]$$
$$= E[E(e^{ye^{-\delta \Delta t}D_{X(\Delta t)}} \mid X(0) = X(\Delta t))]$$
$$= E[M(X(\Delta t), ye^{-\delta \Delta t})]。 \tag{3.29}$$

为了求得式 (3.29) 中的 $M(x, y)$，先计算 $M(X(\Delta t), ye^{-\delta \Delta t})$。

$$M(X(\Delta t), ye^{-\delta \Delta t}) = P(T_1 > \Delta t)E[e^{ye^{-\delta \Delta t}D_{X(\Delta t)}} \mid X(0) = X(\Delta t), T_1 > \Delta t] + P(T_1 \leqslant \Delta t)E[e^{ye^{-\delta \Delta t}D_{X(\Delta t)}} \mid X(0) = X(\Delta t),$$
$$T_1 \leqslant \Delta t] = e^{-\lambda \Delta t}M(\widetilde{X}(\Delta t), ye^{-\delta \Delta t}) + (1 - e^{-\lambda \Delta t})M(\widetilde{X}(\Delta t) - Z_1, ye^{-\delta \Delta t})。 \tag{3.30}$$

其中，用 $F_{\Delta t} = \sigma\{X(s), s \leqslant t\}$ 表示由随机过程 $\{X(t), t \geqslant 0\}$ 生成的一个自然 σ-域，$\widetilde{X}(\Delta t) = e^{r\Delta t}x + \dfrac{\mu}{r}(e^{r\Delta t} - 1) + \sigma \displaystyle\int_0^{\Delta t} e^{r(\Delta t - s)} dW_s$。

由式 (3.29) 与式 (3.30)，得到

$$M(x, y) = E[M(X(\Delta t), ye^{-\delta \Delta t})]$$
$$= e^{-\lambda \Delta t}E[M(\widetilde{X}(\Delta t), ye^{-\delta \Delta t})]$$
$$+ (1 - e^{-\lambda \Delta t})E[M(\widetilde{X}(\Delta t) - Z_1, ye^{-\delta \Delta t})]。$$

令

$$\begin{cases} G_1 = e^{-\lambda \Delta t}E[M(\widetilde{X}(\Delta t), ye^{-\delta \Delta t})], \\ G_2 = (1 - e^{-\lambda \Delta t})E[M(\widetilde{X}(\Delta t) - Z_1, ye^{-\delta \Delta t})], \end{cases} \tag{3.31}$$

则

$$M(x, y) = G_1 + G_2 。 \tag{3.32}$$

首先，计算 G_1。当 $\Delta t \to 0$ 时，$e^{-\lambda \Delta t} = 1 - \lambda \Delta t + o(\Delta t)$，进而利用泰勒展开式，可以得到

$$G_1 = e^{-\lambda \Delta t} E[M(\tilde{X}(\Delta t), y e^{-\delta \Delta t})]$$

$$= (1 - \lambda \Delta t) E\Big\{ M(x, y) + \Big[r \Delta t x + \frac{\mu}{r}(e^{r \Delta t} - 1) $$

$$+ \sigma \int_0^{\Delta t} e^{r(\Delta t - s)} dW_s \Big] M'_x - \delta y \Delta t M'_y + \frac{1}{2} \Big[r \Delta t x + \frac{\mu}{r}(e^{r \Delta t} - 1) $$

$$+ \sigma \int_0^{\Delta t} e^{r(\Delta t - s)} dW_s \Big]^2 M''_{xx} + o(\Delta t) \Big\}$$

$$= (1 - \lambda \Delta t) M(x, y) + (rx + \mu) \Delta t M'_x - \delta y \Delta t M'_y $$

$$+ \frac{\sigma^2}{2} \Delta t M''_{xx} + o(\Delta t) 。 \tag{3.33}$$

我们仅考虑公司破产发生时将不再继续进行分红的情况，如果公司发生破产，此时的累积折现分红函数为 0，所以 $M(x, y) = 1$。因此，可以得到 G_2 如下：

$$G_2 = (1 - e^{-\lambda \Delta t}) E[M(\tilde{X}(\Delta t) - Z_1, y e^{-\delta \Delta t})]$$

$$= \lambda \Delta t E\Big\{ M(x - Z_1, y) - \delta y \Delta t M'_y(x - Z_1, y) $$

$$+ \Big[r \Delta t x + \frac{\mu}{r}(e^{r \Delta t} - 1) + \sigma \int_0^{\Delta t} e^{r(\Delta t - s)} dW_s \Big] M'_x(x - Z_1, y) $$

$$+ \frac{1}{2} \Big[r \Delta t x + \frac{\mu}{r}(e^{r \Delta t} - 1) + \sigma \int_0^{\Delta t} e^{r(\Delta t - s)} dW_s \Big]^2 $$

$$M''_{xx}(x - Z_1, y) + o(\Delta t) \Big\}$$

$$= \lambda \Delta t E[M(x - Z_1, y)] + o(\Delta t)$$

$$= \lambda \Delta t \Big[\int_0^x M(x - z, y) f(z) dz + \int_x^\infty f(z) dz \Big] + o(\Delta t)$$

$$= \lambda \Delta t \int_0^x M(x - z, y) f(z) \mathrm{d}z + \lambda \Delta t [1 - F(X)] + o(\Delta t)_\circ$$

$$(3.34)$$

由式（3.33）与式（3.34），结合式（3.32），有

$$\frac{\sigma^2}{2} \Delta t M''_{xx}(x, y) + (rx + \mu) \Delta t M'_x(x, y) - \delta y \Delta t M'_y(x, y) -$$

$$\lambda \Delta t M(x, y) + \lambda \Delta t \int_0^x M(x - z, y) f(z) \mathrm{d}z + \lambda \Delta t [1 - F(X)] +$$

$$o(\Delta t) = 0_\circ \tag{3.35}$$

当 $\Delta t \to 0$ 时，式（3.35）两边同时除以 Δt 就得到要证明的式（3.27）。

当公司初始盈余 $X(0) = x = 0$ 时，破产会立即发生，此时不会进行分红，所以 $M(0, y) = E[\mathrm{e}^{y \times 0} \mid X(0) = 0] = 1$。

由式（3.23）中 $V'(b) = 1$，很容易得到 $M'_x(b, y) = yM(b, y)$。

综上，我们得到了累积折现分红函数 D_x 的矩母函数 $M(x, y)$ 所满足的积分-微分方程以及两个边界条件。

定义 3.7　累积折现分红函数 D_x 的 n 阶矩 $V_n(x)$ 定义为

$$V_n(x) = E[D_x^n \mid X(0) = x]_\circ \tag{3.36}$$

定理 3.3　对于 $0 < x < b$，累积折现分红函数 D_x 的 n 阶矩 $V_n(x)$ 所满足的积分-微分方程如下：

$$\frac{\sigma^2}{2} V''_n(x) + (rx + \mu) V'_n(x) - (\lambda + \delta) V_n(x) + \lambda \int_0^x V_n(x -$$

$$y) f(y) \mathrm{d}y = 0, \tag{3.37}$$

满足的边界条件为

$$\begin{cases} V_n(0) = 0, \\ V'_1(b) = 1, \\ V'_n(b) = nV'_{n-1}(b), \ n = 2, 3, \cdots_\circ \end{cases} \tag{3.38}$$

证明：对于式（3.26）中的累积折现分红函数 D_x 的矩母函数 $M(x,y)$，利用泰勒展开式，有

$$M(x,y)=E[e^{yD_x}\mid X(0)=x]=1+\sum_{n=1}^{\infty}\frac{y^n}{n!}V_n(x) \qquad (3.39)$$

将式（3.39）代入定理 3.2，即可得到所证积分-微分方程与边界条件。

特别地，当 $n=1$，累积折现分红函数 D_x 的一阶矩 $V_1(x)=E[D_x\mid X(0)=x]$，而期望折现分红函数 $V(x)=E[D_x\mid X(0)=x]$，累积折现分红函数 D_x 的一阶矩 $V_1(x)$ 就是期望折现分红函数 $V(x)$。我们会发现定理 3.1 与 $n=1$ 时的定理 3.3 是一致的，这再次验证了上述定理证明的正确性。

第五节　Gerber-Shiu 期望折现罚金函数

常利率带扰动的经典风险模型中破产时刻我们同样定义为 $T=\inf\{t\geqslant 0,X(t)\leqslant 0\}$。公司破产可能由理赔引起，也可能由随机扰动引起。令 T_s 与 T_d 分别表示由理赔引起的破产时刻与由随机扰动引起的破产时刻，则

$$T_s=\inf\{t\geqslant 0,X(t)<0\}, \qquad (3.40)$$

$$T_d=\inf\{t\geqslant 0,X(t)=0\}。 \qquad (3.41)$$

很容易得到，当 $X(0)=x<0$ 时，$T_s=0$；当 $X(0)=x\neq 0$ 时，$T_d>0$。由式（3.7）可以得到常利率带扰动的经典风险模型的 Gerber-Shiu 期望折现罚金函数为

$$\varphi(x)=E[e^{-\delta T}\omega(X(T-),\mid X(T)\mid)I_{\{T<\infty\}}\mid X(0)=x]。 \qquad (3.42)$$

我们把 Gerber-Shiu 期望折现罚金函数分成两部分讨论：由理赔引起破产的 Gerber-Shiu 期望折现罚金函数 $\varphi_s(x)$ 与由随机扰动引

起破产的 Gerber-Shiu 期望折现罚金函数 $\varphi_d(x)$。

$\varphi_s(x)$ 与 $\varphi_d(x)$ 的表达式分别如下：

$$\varphi_s(x) = E[e^{-\delta T_s}\omega(X(T_s-)，|X(T_s)|)I_{\{T_s<T_d\}}|X(0)=x]，$$
$$(3.43)$$

$$\varphi_d(x) = E[e^{-\delta T_d}\omega(X(T_d-)，|X(T_d)|)I_{\{T_s<T_d\}}|X(0)=x]$$
$$= \omega(0，0)E[e^{-\delta T_d}I_{\{T_s<T_d\}}|X(0)=x]。 \qquad (3.44)$$

接下来，我们通过两个定理分别得到由理赔引起破产的 Gerber-Shiu 期望折现罚金函数 $\varphi_s(x)$ 与由随机扰动引起破产的 Gerber-Shiu 期望折现罚金函数 $\varphi_d(x)$ 所满足的积分-微分方程以及边界条件。

定理 3.4　对于 $0 < x < b$，由理赔引起破产的 Gerber-Shiu 期望折现罚金函数 $\varphi_s(x)$ 所满足的积分-微分方程如下：

$$\frac{1}{2}\sigma^2\varphi_s''(x) + (rx+\mu)\varphi_s'(x) - (\lambda+\delta)\varphi_s(x) + \lambda\int_0^x\varphi_s(x-$$

$$y)f(y)dy + \lambda\int_x^\infty\omega(x，y-x)f(y)dy = 0， \qquad (3.45)$$

满足的边界条件为

$$\frac{1}{2}\sigma^2\varphi_s''(b) + (rx+\mu)\varphi_s'(b) = 0。 \qquad (3.46)$$

证明：对于任意的正数 q，我们定义：

$$m(t) = e^{rt}x + \frac{\mu}{r}(e^{rt}-1) + \sigma\int_0^t e^{r(t-s)}dW_s， \qquad (3.47)$$

$$\widetilde{q} = \inf\{t>0，m(t)<0\} \wedge q。 \qquad (3.48)$$

对第一次理赔发生的时刻 T_1 与第一次理赔额 Z_1，有

$$\varphi_s(x) = E[e^{-\delta T_s}\omega(X(T_s-)，|X(T_s)|)I_{\{T_s<T_d\}}|X(0)=x]$$

$$= E[e^{-\delta T_s}\omega(X(T_s-)，|X(T_s)|)I_{\{T_s<T_d\}}I_{\{T_1>q\}}|X(0)=x]$$

$$+E[\mathrm{e}^{-\delta T_s}\omega(X(T_s-),|X(T_s)|)I_{\{T_s<T_d\}}I_{\{T_1\leqslant q\}}|X(0)=x]。$$

$$(3.49)$$

令

$$G_1=E[\mathrm{e}^{-\delta T_s}\omega(X(T_s-),|X(T_s)|)\cdot$$

$$I_{\{T_s<T_d\}}I_{\{T_1>q\}}|X(0)=x],\qquad(3.50)$$

$$G_2=E[\mathrm{e}^{-\delta T_s}\omega(X(T_s-),|X(T_s)|)\cdot$$

$$I_{\{T_s<T_d\}}I_{\{T_1\leqslant q\}}|X(0)=x],\qquad(3.51)$$

则

$$\varphi_s(x)=G_1+G_2。\qquad(3.52)$$

利用过程的强马尔可夫性质，有

$$G_1=E[\mathrm{e}^{-\delta T_s}\omega(X(T_s-),|X(T_s)|)I_{\{T_s<T_d\}}I_{\{T_1>q\}}|X(0)=x]$$

$$=E[\mathrm{e}^{-\delta\tilde{q}}E[\mathrm{e}^{-\delta T_s}\omega(X(T_s-),|X(T_s)|)\cdot$$

$$I_{\{T_s<T_d\}}|X(0)=X(\tilde{q})]I_{\{T_1>q\}}]$$

$$=\int_q^\infty E[\mathrm{e}^{-\delta\tilde{q}}\varphi_s(X(\tilde{q}))]\lambda\,\mathrm{e}^{-\lambda t}\mathrm{d}t$$

$$=\mathrm{e}^{-\lambda q}E[\mathrm{e}^{-\delta\tilde{q}}\varphi_s(X(\tilde{q}))]。\qquad(3.53)$$

对于 G_2，有

$$G_2=E[\mathrm{e}^{-\delta T_s}\omega(X(T_s-),|X(T_s)|)I_{\{T_s<T_d\}}I_{\{T_1\leqslant q\}}|X(0)=x]$$

$$=E[\mathrm{e}^{-\delta T_s}\omega(X(T_s-),|X(T_s)|)\cdot$$

$$I_{\{T_s<T_d\}}I_{\{T_1\leqslant q\}}I_{\{\tilde{T}_1<T_1\}}|X(0)=x]$$

$$+E[\mathrm{e}^{-\delta T_s}\omega(X(T_s-),|X(T_s)|)\cdot$$

$$I_{\{T_s<T_d\}}I_{\{T_1\leqslant q\}}I_{\{\tilde{T}_1=T_1\}}|X(0)=x]$$

$$\triangleq G_3+G_4。\qquad(3.54)$$

如果 $\tilde{T}_1<T_1$，那么 $T_s=\tilde{T}_1$，因此对于 G_3，有

$$G_3=E[\mathrm{e}^{-\delta T_s}\omega(X(T_s-),|X(T_s)|)\cdot$$

$$I_{\{T_s<T_d\}} I_{\{T_1\leqslant q\}} I_{\{\tilde{T}_1<T_1\}} \mid X(0)=x]$$

$$=E\big[e^{-\delta\tilde{T}_1}\omega(X(\tilde{T}_1-), \mid X(\tilde{T}_1)\mid) \cdot$$

$$I_{\{T_1\leqslant q\}} I_{\{\tilde{T}_1<T_1\}} \mid X(0)=x\big]$$

$$=\int_0^q E\big[e^{-\delta\tilde{t}}\omega(X(\tilde{t}-), \mid X(\tilde{t})\mid) \cdot$$

$$I_{\{\tilde{t}<t\}} \mid X(0)=x\big]\lambda e^{-\lambda t}\,dt。 \tag{3.55}$$

对于 G_4，有

$$G_4=E\big[e^{-\delta T_s}\omega(X(T_s-), \mid X(T_s)\mid) \cdot$$

$$I_{\{T_s<T_d\}} I_{\{T_1\leqslant q\}} I_{\{\tilde{T}_1=T_1\}} \mid X(0)=x\big]$$

$$=E\big[e^{-\delta T_s}\omega(X(T_s-), \mid X(T_s)\mid)I_{\{T_s<T_d\}} \cdot$$

$$I_{\{T_1\leqslant q\}} I_{\{\tilde{T}_1=T_1\}} I_{\{Z_1\leqslant m(T_1)\}} \mid X(0)=x\big]$$

$$+E\big[e^{-\delta T_s}\omega(X(T_s-), \mid X(T_s)\mid) \cdot$$

$$I_{\{T_s<T_d\}} I_{\{T_1\leqslant q\}} I_{\{\tilde{T}_1=T_1\}} I_{\{Z_1>m(T_1)\}} \mid X(0)=x\big]$$

$$\triangleq G_5+G_6。 \tag{3.56}$$

利用过程的强马尔可夫性质，有

$$G_5=E\big[e^{-\delta T_s}\omega(X(T_s-), \mid X(T_s)\mid) \cdot$$

$$I_{\{T_s<T_d\}} I_{\{T_1\leqslant q\}} I_{\{\tilde{T}_1=T_1\}} I_{\{Z_1\leqslant m(T_1)\}} \mid X(0)=x\big]$$

$$=E\{e^{-\delta T_1}E\big[e^{-\delta T_s}\omega(X(T_s-), \mid X(T_s)\mid)I_{\{T_s<T_d\}} \mid X(0)=X(T_1)\big]\} \cdot$$

$$I_{\{T_1\leqslant q\}} I_{\{\tilde{T}_1=T_1\}} I_{\{Z_1\leqslant m(T_1)\}} \}$$

$$=\int_0^q \int_0^{m(t)} e^{-\delta t}\varphi_s(m(t)-y)P(\tilde{t}=t)f(y)\lambda e^{-\lambda t}\,dt\,dy。 \tag{3.57}$$

同时，如果 $Z_1>m(T_1)$，那么 $T_s=T_1$，所以

$$G_6=E\big[e^{-\delta T_s}\omega(X(T_s-), \mid X(T_s)\mid) \cdot$$

$$I_{\{T_s<T_d\}} I_{\{T_1\leqslant q\}} I_{\{\tilde{T}_1=T_1\}} I_{\{Z_1>m(T_1)\}} \mid X(0)=x\big]$$

$$=E\big[e^{-\delta T_1}\omega(X(T_1-), \mid X(T_1)\mid)I_{\{T_1\leqslant q\}} \cdot$$

$$I_{\{\tilde{T}_1=T_1\}} I_{\{Z_1>m(T_1)\}} \mid X(0)=x\big]$$

$$= \int_0^q \int_{m(t)}^\infty e^{-\delta t} \omega(m(t), y - m(t)) P(\tilde{t} = t) f(y) \lambda e^{-\lambda t} \, dt \, dy。$$

$$(3.58)$$

结合式（3.49）至式（3.58），就可以得到

$$\varphi_s(x) = G_1 + G_3 + G_5 + G_6。 \qquad (3.59)$$

当 $q \to 0$ 时，利用伊藤公式，有

$$\lim_{q \to 0} \frac{G_1 - \varphi_s(x)}{q} = \lim_{q \to 0} \frac{e^{-\lambda q} E[e^{-\delta \tilde{q}} \varphi_s(X(\tilde{q}))] - \varphi_s(x)}{q}$$

$$= \frac{1}{2} \sigma^2 \varphi_s''(x) + (rx + \mu) \varphi_s'(x) - (\lambda + \delta) \varphi_s(x)。$$

$$(3.60)$$

又

$$\lim_{q \to 0} \frac{G_3}{q} = \lim_{q \to 0} \frac{\int_0^q E[e^{-\delta \tilde{t}} \omega(X(\tilde{t}-), |X(\tilde{t})|) I_{\{\tilde{t} < t\}} | X(0) = x] \lambda e^{-\lambda t} \, dt}{q}$$

$$= 0, \qquad (3.61)$$

$$\lim_{q \to 0} \frac{G_5}{q} = \lim_{q \to 0} \frac{\int_0^q \int_0^{m(t)} e^{-\delta t} \varphi_s(m(t) - y) P(\tilde{t} = t) f(y) \lambda e^{-\lambda t} \, dt \, dy}{q}$$

$$= \lambda \int_0^x \varphi_s(x - y) f(y) \, dy, \qquad (3.62)$$

$$\lim_{q \to 0} \frac{G_6}{q} = \lim_{q \to 0} \frac{\int_0^q \int_{m(t)}^\infty e^{-\delta t} \omega(m(t), y - m(t)) P(\tilde{t} = t) f(y) \lambda e^{-\lambda t} \, dt \, dy}{q}$$

$$= \lambda \int_x^\infty \omega(x, y - x) f(y) \, dy。 \qquad (3.63)$$

因此，我们可以得到所要证明的由理赔引起破产的 Gerber-Shiu 期望折现罚金函数 $\varphi_s(x)$ 所满足的积分-微分方程（3.45）。

接下来，证明积分-微分方程（3.45）所要满足的边界条件。当

$x = b$ 时，对于 $\Delta t \to 0$，结合式 (3.43)，有

$$\varphi_s(b) = E[e^{-\delta T_s} \omega(X(T_s -), |X(T_s)|) \cdot$$

$$I_{\{T_s < T_d\}} |X(0) = b],$$

$$= E[e^{-\delta T_s} \omega(X(T_s -), |X(T_s)|) I_{\{T_s < T_d\}} \cdot$$

$$I_{\{T_1 > \Delta t\}} |X(0) = b]$$

$$+ E[e^{-\delta T_s} \omega(X(T_s -), |X(T_s)|) \cdot$$

$$I_{\{T_s < T_d\}} I_{\{T_1 \leqslant \Delta t\}} |X(0) = b]。 \tag{3.64}$$

令

$$G_1 = E[e^{-\delta T_s} \omega(X(T_s -), |X(T_s)|) \cdot$$

$$I_{\{T_s < T_d\}} I_{\{T_1 > \Delta t\}} |X(0) = b], \tag{3.65}$$

$$G_2 = E[e^{-\delta T_s} \omega(X(T_s -), |X(T_s)|) \cdot$$

$$I_{\{T_s < T_d\}} I_{\{T_1 \leqslant \Delta t\}} |X(0) = b], \tag{3.66}$$

则

$$\varphi_s(b) = G_1 + G_2。 \tag{3.67}$$

在 Barrie 分红策略下，公司将超出分红边界 b 的盈余部分立即全部都用来发放红利，直到盈余水平回到 b。发生理赔之前的资产盈余为 b，对于 G_1，有

$$G_1 = E[e^{-\delta T_s} \omega(X(T_s -), |X(T_s)|) \cdot$$

$$I_{\{T_s < T_d\}} I_{\{T_1 > \Delta t\}} |X(0) = b]$$

$$= E[E[e^{-\delta T_s} \omega(X(T_s -), |X(T_s)|) \cdot$$

$$I_{\{T_s < T_d\}} I_{\{T_1 > \Delta t\}} |X(0) = b|F_{\Delta t}]]$$

$$= E[e^{-\delta \Delta t} I_{\{T_1 > \Delta t\}} E[e^{-\delta T_s} \omega(X(T_s -), |X(T_s)|) \cdot$$

$$I_{\{T_s < T_d\}} |X(0) = b]]$$

$$= e^{-(\lambda + \delta) \Delta t} \varphi_s(b), \tag{3.68}$$

对于 G_2，有

$$G_2 = E[e^{-\delta T_s} \omega(X(T_s -), |X(T_s)|) \cdot$$

$$I_{\{T_s < T_d\}} I_{\{T_1 \leqslant \Delta t\}} \,\big| X(0) = b\big]$$

$$= \int_0^{\Delta t} E\big[\mathrm{e}^{-\delta T_s} \omega(X(T_s-),\ |X(T_s)|) \cdot$$

$$I_{\{T_s < T_d\}} \,\big| X(0) = b,\ T_1 = v\big]\lambda\,\mathrm{e}^{-\lambda v}\,\mathrm{d}v$$

$$= \int_0^{\Delta t} E\big[E\big[\mathrm{e}^{-\delta T_s} \omega(X(T_s-),\ |X(T_s)|) \cdot$$

$$I_{\{T_s < T_d\}} \,\big| X(0) = b,\ T_1 = v\,|\,F_v\big]\big]\lambda\,\mathrm{e}^{-\lambda v}\,\mathrm{d}v$$

$$= \int_0^{\Delta t} \int_0^b \lambda\,\mathrm{e}^{-(\lambda+\delta)v}\varphi_s(b-y)f(y)\,\mathrm{d}y\,\mathrm{d}v$$

$$+ \int_0^{\Delta t} \int_b^\infty \lambda\,\mathrm{e}^{-(\lambda+2\delta)v}\omega(b,\ y-b)f(y)\,\mathrm{d}y\,\mathrm{d}v。$$

因此，可以得到

$$\varphi_s(b) = G_1 + G_2$$

$$= \mathrm{e}^{-(\lambda+\delta)\Delta t}\varphi_s(b) + \int_0^{\Delta t} \int_0^b \lambda\,\mathrm{e}^{-(\lambda+\delta)v}\varphi_s(b-y)f(y)\,\mathrm{d}y\,\mathrm{d}v$$

$$+ \int_0^{\Delta t} \int_b^\infty \lambda\,\mathrm{e}^{-(\lambda+2\delta)v}\omega(b,\ y-b)f(y)\,\mathrm{d}y\,\mathrm{d}v。 \tag{3.69}$$

当 $\Delta t \to 0$ 时，式（3.69）两边对 Δt 求导，有

$$-(\lambda+\delta)\varphi_s(b) + \lambda\int_0^b \varphi_s(b-y)f(y)\,\mathrm{d}y + \int_b^\infty \omega(b,\ y-b)f(y)\,\mathrm{d}y = 0。 \tag{3.70}$$

将式（3.70）代入式（3.45），就可以得到边界条件式（3.46）。

用同样的证明方法，我们可以得到下面的定理。

定理 3.5　对于 $0 < x < b$，由随机扰动引起破产的 Gerber-Shiu 期望折现罚金函数 $\varphi_d(x)$ 所满足的积分-微分方程如下：

$$\frac{1}{2}\sigma^2\varphi_s''(x) + (rx+\mu)\varphi_d'(x) - (\lambda+\delta)\varphi_d(x) + \lambda\int_0^x \varphi_d(x-y)f(y)\,\mathrm{d}y = 0, \tag{3.71}$$

满足的边界条件为

$$\frac{1}{2}\sigma^2\varphi''_d(b) + (rx + \mu)\varphi'_d(b) = 0 \text{。} \qquad (3.72)$$

第六节　最终破产概率的渐近解

当 Gerber-Shiu 期望折现罚金函数中折现因子 δ 取值为 0 并且非负可测函数 ω 取常数 1 时，我们得到公司的最终破产概率。由式（3.45），可以得到最终破产概率的关系式为

$$\frac{1}{2}\sigma^2\psi''(x) + (rx + \mu)\psi'(x) - \lambda\psi(x) + \lambda\int_0^x \psi(x-y)f(y)\mathrm{d}y$$
$$+ \lambda(1 - F(x)) = 0\text{。} \qquad (3.73)$$

定理 3.6　在常利率带扰动的经典风险模型中，公司最终破产概率的渐近解如下：

$$\psi(x) \sim \frac{2\lambda}{\sigma^2}\int_x^\infty\int_0^z \mathrm{e}^{\frac{r(y^2-z^2)}{\sigma^2}}\big[1 - F(y)\big]\mathrm{d}y\mathrm{d}z \text{。} \qquad (3.74)$$

证明：令 $H = \dfrac{2\lambda}{\sigma^2}$，$g(x) = \dfrac{-\psi''(x)}{H[1-F(x)]} - \dfrac{rx\psi'(x)}{\lambda[1-F(x)]}$，

$h(x) = \dfrac{-\psi'(x)}{1-F(x)}$，可以得到

$$\psi'(x) = \psi'(0)\mathrm{e}^{-\frac{rx^2}{\sigma^2}} - H\mathrm{e}^{-\frac{rx^2}{\sigma^2}}\int_0^x \mathrm{e}^{\frac{ry^2}{\sigma^2}}[1-F(y)]g(y)\mathrm{d}y\text{。} \quad (3.75)$$

对式（3.75）取积分，有

$$\psi(x) = H\int_x^\infty\left\{-\frac{\psi'(0)}{H}\mathrm{e}^{-\frac{rz^2}{\sigma^2}} + \mathrm{e}^{-\frac{rz^2}{\sigma^2}}\int_0^z \mathrm{e}^{\frac{ry^2}{\sigma^2}}[1-F(y)]g(y)\mathrm{d}y\right\}\mathrm{d}z\text{。}$$

$$\qquad (3.76)$$

当 $\lim\limits_{x\to\infty}\dfrac{f(x)}{1-F(x)} = 0$ 时，还可以得到 $\lim\limits_{x\to\infty}h(x) = \lim\limits_{x\to\infty}\dfrac{-\psi'(x)}{1-F(x)} = $

0。因此，对于任意的 $\varepsilon > 0$，存在一个 x_0，使得对于所有的 $x > x_0$，都有 $h(x) < \varepsilon$。我们可以构造下面的积分不等式：

$$\int_0^{\frac{x}{2}} h(x-y) \frac{[1-F(x-y)][1-F(y)]}{1-F(x)} \mathrm{d}y$$

$$< \varepsilon \int_0^{\frac{x}{2}} \frac{[1-F(x-y)][1-F(y)]}{1-F(x)} \mathrm{d}y \text{。}$$

由于 ε 是任意的，所以有

$$\lim_{x \to \infty} \int_0^{\frac{x}{2}} h(x-y) \frac{[1-F(x-y)][1-F(y)]}{1-F(x)} \mathrm{d}y = 0 \text{。} \quad (3.77)$$

用同样的方法，也可以得到

$$\lim_{x \to \infty} \int_{x_0}^{\frac{x}{2}} h(y) \frac{[1-F(x-y)][1-F(y)]}{1-F(x)} \mathrm{d}y = 0 \text{。} \quad (3.78)$$

进而有

$$\lim_{x \to \infty} \int_0^{x_0} h(y) \frac{[1-F(x-y)][1-F(y)]}{1-F(x)} \mathrm{d}y$$

$$= \int_0^{x_0} h(y)[1-F(y)] \mathrm{d}y \text{。} \quad (3.79)$$

我们也可以证明得到

$$\lim_{x \to \infty} \left\{ \frac{\sigma^2 \psi''(x)}{2[1-F(x)]} + \frac{rx\psi'(x)}{1-F(x)} \right\} = -\lambda \text{。} \quad (3.80)$$

因此，

$$\lim_{x \to \infty} g(x) = \lim_{x \to \infty} \left\{ \frac{-\psi''(x)}{H[1-F(x)]} - \frac{rx\psi'(x)}{\lambda[1-F(x)]} \right\}$$

$$= -\frac{1}{\lambda} \lim_{x \to \infty} \left\{ \frac{\sigma^2 \psi''(x)}{2[1-F(x)]} + \frac{rx\psi'(x)}{1-F(x)} \right\}$$

$$= 1 \text{。} \quad (3.81)$$

结合式（3.81），且由于 $\lim_{z \to \infty} \left\{ e^{-\frac{rz^2}{\sigma^2}} \int_0^z e^{\frac{ry^2}{\sigma^2}} [1-F(y)] \mathrm{d}y \right\} = 0$，有

$$\lim_{x \to \infty} \frac{\psi(x)}{\dfrac{2\lambda}{\sigma^2} \int_x^\infty \int_0^z \mathrm{e}^{\frac{r(y^2-z^2)}{\sigma^2}}[1-F(y)]\mathrm{d}y\mathrm{d}z}$$

$$= \lim_{x \to \infty} \frac{-\dfrac{\psi'(0)}{H} + \int_0^x \mathrm{e}^{\frac{ry^2}{\sigma^2}}[1-F(y)]g(y)\mathrm{d}y}{\int_0^x \mathrm{e}^{\frac{ry^2}{\sigma^2}}[1-F(y)]\mathrm{d}y}$$

$$= \lim_{x \to \infty} g(x)$$

$$= 1。 \tag{3.82}$$

当 $\lim\limits_{x \to \infty} \dfrac{f(x)}{1-F(x)} \neq 0$ 时，同样可以得到

$\lim\limits_{x \to \infty} \dfrac{\psi(x)}{\dfrac{2\lambda}{\sigma^2} \int_x^\infty \int_0^z \mathrm{e}^{\frac{r(y^2-z^2)}{\sigma^2}}[1-F(y)]\mathrm{d}y\mathrm{d}z} = 1$。 因此，$\psi(x) \sim$

$\dfrac{2\lambda}{\sigma^2} \int_x^\infty \int_0^z \mathrm{e}^{\frac{r(y^2-z^2)}{\sigma^2}}[1-F(y)]\mathrm{d}y\mathrm{d}z$ 成立。

第七节　本章小结

在本章，我们首先介绍了经典风险模型以及与之相关的重要结论，随后在经典风险模型的基础上构造了常利率带扰动的经典风险模型，并且在 Barrie 分红策略下研究了期望折现分红函数、累积折现分红函数的矩母函数与 Gerber-Shiu 期望折现罚金函数的积分-微分方程及其所满足的边界条件，最后计算了最终破产概率的渐近解。其中，我们把 Gerber-Shiu 期望折现罚金函数分成两部分讨论：由理赔引起破产的 Gerber-Shiu 期望折现罚金函数与由随机扰动引起破产的 Gerber-Shiu 期望折现罚金函数。这些精算量的积分-微分方程或者表达式，可以为公司决策者提供一个定量指标作为参考，

使得公司的分红达到最大并且公司的破产概率达到最小。在定理证明过程中，发现累积折现分红函数一阶矩与期望折现分红函数所得到的结论是一致的，这也再次验证了我们定理证明过程中运用的数学理论的正确性。

第四章　公司破产对偶模型及其精算量

第一节　引言

对偶风险模型用得比较多的是一些前期需要持续投入，后期可能产生的收益不固定的公司，比如石油勘探开发公司、医药公司、科技发明公司等。经典风险模型适合于描述保险公司的资产过程，对偶风险模型适合于描述以近似平均的速率消耗运营成本而获取随机到来的收入这种类型的公司。比如，医药公司前期投入的研发成本很大，后期由于新药研制成功而获得了巨大的收益；石油勘探开发公司前期投资建设成本很高，后期由于发现了新的油气田而获得巨大的收益。它们具有共同的特点：支出是连续的，但具有一些随机的收益。在现实世界中，公司连续时间进行分红是不符合实际的，因此我们在对偶风险模型中引入了随机观察时间，构造了带随机观察时间的对偶风险模型，即分红只可能在观察时刻发生，这使得问题的研究更具有现实意义。

第二节　非常数值边界分红策略下带随机
观察时间的对偶风险模型

在本章中，我们将研究一类非常数值边界分红策略下带随机观察时间的对偶风险模型。在非常数值边界分红策略下，公司的盈余

水平达到 b_t（b_t 为一个非负的关于时间 t 的函数）时，超出 b_t 的部分立即全部用来发放红利，直到盈余水平回到 b_t，其中分红边界 b_t 不是固定的，而是一个随时间变化的函数。为了方便，我们将本章所研究的分红边界 b_t 关于时间 t 的函数设定为 $b_t = b + at^\beta$，其中 $a > 0, b > 0, \beta \geqslant 1$。当 $\beta = 1$ 时，$b_t = b + at$，分红边界 b_t 是关于时间 t 的线性函数，称之为线性分红策略；当 $\beta > 1$ 时，分红边界 b_t 是关于时间 t 的非线性函数，称之为非线性分红策略。在现实世界中，连续时间地观察破产或者分红是不可能的，因此本章在对偶风险模型基础上引入了随机观察时间。在带随机观察时间的对偶风险模型中，除了发生跳跃的时刻是随机时刻外，还有一个与之独立的随机观察时刻，并且假定破产或者分红只能发生在这些随机观察时刻。也就是说，只有在某一个随机观察时刻，资产盈余超过分红边界 b_t，才进行分红；在其他非观察时刻，即使资产盈余超过分红边界 b_t，也不会进行分红。显然，这种情况与现实世界更加符合。

在经典的对偶风险模型中，公司的盈余可以表示为

$$X(t) = x - \mu t + \sum_{i=1}^{N_t} Z_i , \tag{4.1}$$

其中，$x = X(0)$ 表示公司的初始盈余，$\mu > 0$ 表示单位时间的支出，$\sum_{i=1}^{N_t} Z_i$ 表示截止到时刻 t 的累积收益大小。N_t 表示时间段 $(0, t]$ 内发生的跳跃次数，$\{N_t, t \geqslant 0\}$ 是收益计数过程，是一个强度为 $\lambda > 0$ 的齐次泊松过程。令 T_1 是第一次发生收益的时刻，令 T_i（$i \geqslant 2, i \in \mathbf{N}$）是第 $i-1$ 次发生收益与第 i 次发生收益之间的时间间隔，那么收益时间间隔 $\{T_i, i \in \mathbf{N}_+\}$ 是一个独立同分布且参数为 λ 的指数随机变量序列，收益计数过程可以表示成 $N_t = \max\{n; T_1 + T_2 + \cdots + T_n \leqslant t\}$；$Z_i$ 表示第 i 次收益的大小，

$\{Z_i, i \in \mathbf{N}_+\}$ 是取值为正的独立同分布的随机变量序列，共同的分布函数为 $F(x)$，$F(0)=0$，密度函数为 $f(x)$，期望为 m，均方差为 n；$N=\{N_t, t \geqslant 0\}$ 与 $\{Z_i, i \in \mathbf{N}_+\}$ 是相互独立的，$X(t)$ 表示公司在时刻 t 的盈余，由于未来时刻的盈余是未知的，所以 $\{X(t), t \geqslant 0\}$ 是一个连续时间的随机过程。

假定随时观察时间序列为 $\{Y_i, i \in \mathbf{N}\}$，令 $Y_0=0$，$T_i=Y_i-Y_{i-1}$ 表示第 $i-1$ 次与第 i 次观察时间间隔，其中 $i \geqslant 1$。假定观察时间间隔 $\{T_i, i \in \mathbf{N}_+\}$ 是一个独立同分布且参数为 γ 的指数随机变量序列，并且 $N=\{N_t, t \geqslant 0\}$ 与 $\{T_i, i \in \mathbf{N}_+\}$ 是相互独立的。当公司盈余超过分红边界 b_t 时，超出部分全部用来分红，并且分红仅发生在这些观察时刻。设 $\{X_b(k), k \in \mathbf{N}_+\}$ 和 $\{W_b(k), k \in \mathbf{N}_+\}$ 分别表示公司在时刻 Y_k^-（第 k 个观察时刻前）与 Y_k（第 k 个观察时刻）的资产盈余，则有

$$X_b(k) = W_b(k-1) - \mu T_k + \left(\sum_{i=1}^{N_{Y_k}} Z_i - \sum_{i=1}^{N_{Y_{k-1}}} Z_i \right), \qquad (4.2)$$

$$W_b(k) = X_b(k) \wedge b_k。 \qquad (4.3)$$

定义 4.1 定义破产时刻 T 为：

$$T = Y_{k_b}, \qquad (4.4)$$

其中，$k_b = \inf\{k \geqslant 1, W_b(k) \leqslant 0\}$ 是破产前的观察次数，因为仅在时刻 Y_k 观察盈余，所以破产也发生在这些时刻。

第三节 期望折现分红函数

定义 4.2 由于分红仅可能发生在观察时刻，对于 $t \geqslant 0$，非负数 δ 为折现因子，我们用 $D_{x,b}$ 表示在公司初始盈余为 x 时的累积折现分红函数，则

$$
D_{x,b} = \begin{cases} 0, & x < 0, \\ \sum\limits_{k=0}^{k_b} \mathrm{e}^{-\delta Y_k} \big[(X_b(k) - b_k) \vee 0 \big], & 0 \leqslant x < b, \\ x - b + \sum\limits_{k=0}^{k_b} \mathrm{e}^{-\delta Y_k} \big[(X_b(k) - b_k) \vee 0 \big], & x \geqslant b_\circ \end{cases} \tag{4.5}
$$

用 $V(x, b)$ 表示累积折现分红函数 D_x 的期望，则

$$
V(x, b) = E\big[D_{x,b} \big| X(0) = x, \ b_0 = b \big]_\circ \tag{4.6}
$$

因为观察时刻是随机的，所以当公司盈余小于 0 时，公司仍然有可能继续运营。因此，对于不同取值的 x，累积折现分红函数都是存在的。在对偶风险模型中，我们知道累积折现分红依赖于收益 Z_i 的大小，根据实际的情况我们假定收益额是有限的，也就是期望折现分红函数 $V(x, b)$ 是有界的。为了讨论方便，假设期望折现分红函数 $V(x, b)$ 关于 x 与 b 的一阶偏导函数连续且有界。当 $x < 0$ 时，公司依然有可能继续运行，也有可能进行分红，所以期望折现分红函数 $V(x, b)$ 可以表示为

$$
V(x, b) = \begin{cases} V_1(x, b), & x < 0, \\ V_2(x, b), & 0 \leqslant x < b, \\ V_3(x, b), & x \geqslant b_\circ \end{cases} \tag{4.7}
$$

定理 4.1 令

$$
g(\beta) = \begin{cases} 1, & \beta = 1, \\ 0, & \beta > 1, \end{cases} \tag{4.8}
$$

则期望折现分红函数 $V_1(x, b)$，$V_2(x, b)$ 与 $V_3(x, b)$ 分别满足下面的积分-微分方程：

$$
\Big[\mu \frac{\partial}{\partial x} - a g(\beta) \frac{\partial V_1}{\partial b} + (\lambda + \delta + \gamma) \Big] V_1(x, b) - \lambda \int_0^{-x} V_1(x + y,
$$

$$
b) f(y) \mathrm{d}y - \lambda \int_{-x}^{b-x} V_2(x + y, b) f(y) \mathrm{d}y - \lambda \int_{b-x}^{\infty} V_3(x + y,
$$

$b)f(y)\mathrm{d}y = 0, \ x < 0,$ (4.9)

$$\left[\mu\,\frac{\partial}{\partial x} - ag(\beta)\,\frac{\partial}{\partial b} + (\lambda + \delta)\right]V_2(x,\,b) - \lambda\int_0^{b-x}V_2(x+y,$$

$b)f(y)\mathrm{d}y - \lambda\int_{b-x}^{\infty}V_3(x+y,\,b)f(y)\mathrm{d}y = 0,\ 0 \leqslant x < b,$ (4.10)

$$\left[\mu\,\frac{\partial}{\partial x} - ag(\beta)\,\frac{\partial}{\partial b} + (\lambda + \delta + \gamma)\right]V_3(x,\,b) - \gamma[x-b+V_3(b,$$

$b)] - \lambda\int_0^{\infty}V_3(x+y,\,b)f(y)\mathrm{d}y = 0,\ x \geqslant b,$ (4.11)

满足的边界条件为

$$\left[\mu\,\frac{\partial}{\partial x} - ag(\beta)\,\frac{\partial}{\partial b} + \gamma\right]V_1(0,\,b) - \left[\mu\,\frac{\partial}{\partial x} - ag(\beta)\,\frac{\partial}{\partial b}\right]V_2(0,$$

$b) = 0,$ (4.12)

$$\left[\mu\,\frac{\partial}{\partial x} - ag(\beta)\,\frac{\partial}{\partial b}\right]V_2(b,\,b) - \left[\mu\,\frac{\partial}{\partial x} - ag(\beta)\,\frac{\partial}{\partial b}\right]V_3(b,\,b)$$

$= 0,$ (4.13)

$$\lim_{x \to -\infty}V_1(x,\,b) = 0。$$ (4.14)

证明：由于收益时间间隔 $\{T_i,\ i \in \mathbf{N}_+\}$ 与观察时间间隔 $\{T_i,\ i \in \mathbf{N}_+\}$ 分别是独立同分布且参数为 λ 与 γ 的指数随机变量序列，并且 $\{T_i,\ i \in \mathbf{N}_+\}$ 与 $\{T_i,\ i \in \mathbf{N}_+\}$ 相互独立，所以在一个无穷小的时间区间 $(0,\,\Delta t)$ 内，观察与收益至多发生一个，不会同时发生，一共有如下三种情况：

(1) 在时间区间 $(0,\,\Delta t)$ 内仅有一次收益但没有观察；

(2) 在时间区间 $(0,\,\Delta t)$ 内仅有一次观察但没有收益；

(3) 在时间区间 $(0,\,\Delta t)$ 内既没有观察也没有收益。

当 $x < 0$ 时，在一个充分小的时间区间 $(0,\,\Delta t)$ 内，使得 $x - c\Delta t < 0$，我们有下面的方程：

$$V_1(x,b) = e^{-(\lambda+\delta+\gamma)\Delta t}V_1(x-\mu\Delta t, b+a\Delta t^\beta) + \int_0^{\Delta t}\gamma e^{-\gamma t}e^{-(\lambda+\delta)t}\times 0\times dt$$

$$+\int_0^{\Delta t}\lambda e^{-\lambda t}e^{-\gamma t}e^{-\delta t}\int_0^{-x+\mu t}V_1(x-\mu t+y, b+at^\beta)f(y)dydt$$

$$+\int_0^{\Delta t}\lambda e^{-\lambda t}e^{-\gamma t}e^{-\delta t}\int_{-x+\mu t}^{b+at^\beta-x+\mu t}V_2(x-\mu t+y, b+at^\beta)f(y)dydt$$

$$+\int_0^{\Delta t}\lambda e^{-\lambda t}e^{-\gamma t}e^{-\delta t}\int_{b+at^\beta-x+\mu t}^{\infty}V_3(x-\mu t+y, b+at^\beta)f(y)dydt$$

$$= e^{-(\lambda+\delta+\gamma)\Delta t}V_1(x-\mu\Delta t, b+a\Delta t^\beta)$$

$$+\int_0^{\Delta t}\lambda e^{-\lambda t}e^{-\gamma t}e^{-\delta t}\int_0^{-x+\mu t}V_1(x-\mu t+y, b+at^\beta)f(y)dydt$$

$$+\int_0^{\Delta t}\lambda e^{-\lambda t}e^{-\gamma t}e^{-\delta t}\int_{-x+\mu t}^{b+at^\beta-x+\mu t}V_2(x-\mu t+y, b+at^\beta)f(y)dydt$$

$$+\int_0^{\Delta t}\lambda e^{-\lambda t}e^{-\gamma t}e^{-\delta t}\int_{b+at^\beta-x+\mu t}^{\infty}V_3(x-\mu t+y, b+at^\beta)f(y)dydt_\circ$$

$$(4.15)$$

将式（4.15）两边关于 Δt 求导，有

$$0 = -(\lambda+\delta+\gamma)e^{-(\lambda+\delta+\gamma)\Delta t}V_1(x-\mu\Delta t,\ b+a\Delta t^\beta)$$

$$+e^{-(\lambda+\delta+\gamma)\Delta t}\Big[-\mu\frac{\partial V_1(x-\mu\Delta t,\ b+a\Delta t^\beta)}{\partial x}$$

$$+a\beta\frac{\partial V_1(x-\mu\Delta t,\ b+a\Delta t^\beta)}{\partial b}\Delta t^{\beta-1}\Big]$$

$$+\lambda e^{-(\lambda+\delta+\gamma)\Delta t}\int_0^{-x+\mu\Delta t}V_1(x-\mu\Delta t+y,\ b+a\Delta t^\beta)f(y)dy$$

$$+\lambda e^{-(\lambda+\delta+\gamma)\Delta t}\int_{-x+\mu\Delta t}^{b+a\Delta t^\beta-x+\mu\Delta t}V_2(x-\mu\Delta t+y,\ b+a\Delta t^\beta)f(y)dy$$

$$+\lambda e^{-(\lambda+\delta+\gamma)\Delta t}\int_{b+a\Delta t^\beta-x+\mu\Delta t}^{\infty}V_3(x-\mu\Delta t+y,\ b+a\Delta t^\beta)f(y)dy_\circ$$

当 $\Delta t\to 0$ 时，上式变为所证式（4.9）。

当 $0\leqslant x<b$ 时，在一个充分小的时间区间（0，Δt）内，使得

$0 \leqslant x - c\Delta t < b + a\Delta t^{\beta}$ ，我们有下面的方程：

$$V_2(x, b) = \mathrm{e}^{-(\lambda+\delta+\gamma)\Delta t} V_2(x - \mu\Delta t, b + a\Delta t^{\beta})$$

$$+ \int_0^{\Delta t} \gamma \mathrm{e}^{-\gamma t} \mathrm{e}^{-(\lambda+\delta)t} V_2(x - \mu t, b + at^{\beta}) \mathrm{d}t$$

$$+ \int_0^{\Delta t} \lambda \mathrm{e}^{-\lambda t} \mathrm{e}^{-\gamma t} \mathrm{e}^{-\delta t} \int_0^{b+at^{\beta}-x+\mu t} V_2(x - \mu t + y, b + at^{\beta}) f(y) \mathrm{d}y \mathrm{d}t$$

$$+ \int_0^{\Delta t} \lambda \mathrm{e}^{-\lambda t} \mathrm{e}^{-\gamma t} \mathrm{e}^{-\delta t} \int_{b+at^{\beta}-x+\mu t}^{\infty} V_3(x - \mu t + y, b + at^{\beta}) f(y) \mathrm{d}y \mathrm{d}t \, 。$$

$$\tag{4.16}$$

将式（4.16）两边关于 Δt 求导，有

$$0 = -(\lambda + \delta + \gamma) \mathrm{e}^{-(\lambda+\delta+\gamma)\Delta t} V_2(x - \mu\Delta t, b + a\Delta t^{\beta})$$

$$+ \mathrm{e}^{-(\lambda+\delta+\gamma)\Delta t} \Big[-\mu \frac{\partial V_2(x - \mu\Delta t, b + a\Delta t^{\beta})}{\partial x}$$

$$+ a\beta \frac{\partial V_2(x - \mu\Delta t, b + a\Delta t^{\beta})}{\partial b} \Delta t^{\beta-1} \Big]$$

$$+ \gamma \mathrm{e}^{-(\lambda+\delta+\gamma)\Delta t} V_2(x - \mu\Delta t, b + a\Delta t^{\beta})$$

$$+ \lambda \mathrm{e}^{-(\lambda+\delta+\gamma)\Delta t} \int_0^{b+a\Delta t^{\beta}-x+\mu\Delta t} V_2(x - \mu\Delta t + y, b + a\Delta t^{\beta}) f(y) \mathrm{d}y$$

$$+ \lambda \mathrm{e}^{-(\lambda+\delta+\gamma)\Delta t} \int_{b+a\Delta t^{\beta}-x+\mu\Delta t}^{\infty} V_3(x - \mu\Delta t + y, b + a\Delta t^{\beta}) f(y) \mathrm{d}y \, 。$$

当 $\Delta t \to 0$ 时，上式变为所证式（4.10）。

当 $x \geqslant b$ 时，在一个充分小的时间区间 $(0, \Delta t)$ 内，使得 $x - c\Delta t \geqslant b + a\Delta t^{\beta}$ ，我们有下面的方程：

$$V_3(x, b) = \mathrm{e}^{-(\lambda+\delta+\gamma)\Delta t} V_3(x - \mu\Delta t, b + a\Delta t^{\beta})$$

$$+ \int_0^{\Delta t} \gamma \mathrm{e}^{-\gamma t} \mathrm{e}^{-(\lambda+\delta)t} [x - \mu t - b - at^{\beta} + V_3(b + at^{\beta}, b + at^{\beta})] \mathrm{d}t$$

$$+ \int_0^{\Delta t} \lambda \mathrm{e}^{-\lambda t} \mathrm{e}^{-\gamma t} \mathrm{e}^{-\delta t} \int_0^{\infty} V_3(x - \mu t + y, b + at^{\beta}) f(y) \mathrm{d}y \mathrm{d}t \, 。$$

$$\tag{4.17}$$

将式 (4.17) 两边关于 Δt 求导，有

$$0 = -(\lambda + \delta + \gamma)e^{-(\lambda+\delta+\gamma)\Delta t}V_3(x - \mu\Delta t,\ b + a\Delta t^\beta)$$

$$+ e^{-(\lambda+\delta+\gamma)\Delta t}\left[-\mu\frac{\partial V_3(x - \mu\Delta t,\ b + a\Delta t^\beta)}{\partial x}\right.$$

$$\left. + a\beta\frac{\partial V_3(x - \mu\Delta t,\ b + a\Delta t^\beta)}{\partial b}\Delta t^{\beta-1}\right]$$

$$+ \gamma e^{-(\lambda+\delta+\gamma)\Delta t}\left[x - \mu\Delta t - b - a\Delta t^\beta + V_3(b + a\Delta t^\beta,\ b + a\Delta t^\beta)\right]$$

$$+ \lambda e^{-(\lambda+\delta+\gamma)\Delta t}\int_0^\infty V_3(x - \mu\Delta t + y,\ b + a\Delta t^\beta)f(y)\mathrm{d}y。$$

当 $\Delta t \to 0$ 时，上式变为所证式 (4.11)。

下面证明三个边界条件，$V(x,\ b)$ 在 $x = 0$ 与 $x = b$ 处连续。

当 $x = 0$ 时，式 (4.9) 与式 (4.10) 分别变为

$$\left[\mu\frac{\partial}{\partial x} - ag(\beta)\frac{\partial}{\partial b} + (\lambda + \delta + \gamma)\right]V_1(0,\ b)$$

$$- \lambda\int_0^b V_2(y,\ b)f(y)\mathrm{d}y - \lambda\int_b^\infty V_3(y,\ b)f(y)\mathrm{d}y = 0, \qquad (4.18)$$

$$\left[\mu\frac{\partial}{\partial x} - ag(\beta)\frac{\partial}{\partial b} + (\lambda + \delta)\right]V_2(0,\ b)$$

$$- \lambda\int_0^b V_2(y,\ b)f(y)\mathrm{d}y - \lambda\int_b^\infty V_3(y,\ b)f(y)\mathrm{d}y = 0。 \qquad (4.19)$$

由式 (4.18) 与式 (4.19) 再结合 $V(x,\ b)$ 在 $x = 0$ 处的连续性，我们就可以得到所证边界条件式 (4.12)。

当 $x = b$ 时，式 (4.10) 与式 (4.11) 分别变为

$$\left[\mu\frac{\partial}{\partial x} - ag(\beta)\frac{\partial}{\partial b} + (\lambda + \delta)\right]V_2(b,\ b) - \lambda\int_0^\infty V_3(b + y,$$

$$b)f(y)\mathrm{d}y = 0, \qquad (4.20)$$

$$\left[\mu\frac{\partial}{\partial x} - ag(\beta)\frac{\partial}{\partial b} + (\lambda + \delta)\right]V_3(b,\ b) - \lambda\int_0^\infty V_3(b + y,$$

$$b)f(y)\mathrm{d}y = 0。 \qquad (4.21)$$

由式（4.20）与式（4.21）再结合 $V(x,b)$ 在 $x=b$ 处的连续性，我们就可以得到所证边界条件式（4.13）。

因为 $V(x,b)$ 是非负有界的，所以边界条件式（4.14）显然成立。

第四节 最终破产概率

定义 4.3 令 $\psi(x,b)$ 为最终破产概率，则

$$\psi(x,b)=P\{T<\infty \,|\, X(0)=x,\, b_0=b\}。 \qquad (4.22)$$

因为观察时刻是随机的，所以当公司盈余小于 0 时，公司仍然有可能继续运营。因此，对于不同取值的 x，破产概率 $\psi(x,b)$ 都是存在的。类似于期望折现分红函数的表示，我们将 $\psi(x,b)$ 表示如下：

$$\psi(x,b)=\begin{cases}\psi_1(x,b), & x<0,\\ \psi_2(x,b), & 0\leqslant x<b, \\ \psi_3(x,b), & x\geqslant b。\end{cases} \qquad (4.23)$$

定理 4.2 令

$$g(\beta)=\begin{cases}1, & \beta=1,\\ 0, & \beta>1,\end{cases}$$

则最终破产概率 $\psi_1(x,b)$，$\psi_2(x,b)$ 与 $\psi_3(x,b)$ 分别满足下面的积分-微分方程：

$$\left[\mu\frac{\partial}{\partial x}-ag(\beta)\frac{\partial}{\partial b}+(\lambda+\gamma)\right]\psi_1(x,b)-\gamma-\lambda\int_0^{-x}\psi_1(x+y,$$

$$b)f(y)\mathrm{d}y-\lambda\int_{-x}^{b-x}\psi_2(x+y,b)f(y)\mathrm{d}y-\lambda\int_{b-x}^{\infty}\psi_3(x+y,$$

$$b)f(y)\mathrm{d}y=0, \quad x<0, \qquad (4.24)$$

$$\left[\mu\frac{\partial}{\partial x}-ag(\beta)\frac{\partial}{\partial b}+\lambda\right]\psi_2(x,b)-\lambda\int_0^{b-x}\psi_2(x+y,b)f(y)\mathrm{d}y$$

$$-\lambda\int_{b-x}^{\infty}\psi_3(x+y,b)f(y)\mathrm{d}y=0,\ 0\leqslant x<b,\tag{4.25}$$

$$\left[\mu\frac{\partial}{\partial x}-ag(\beta)\frac{\partial}{\partial b}+(\lambda+\gamma)\right]\psi_3(x,b)-\gamma\psi_3(b,b)-\lambda\int_0^{\infty}\psi_3(x+$$

$$y,b)f(y)\mathrm{d}y=0,\ x\geqslant b,\tag{4.26}$$

满足的边界条件为

$$\left[\mu\frac{\partial}{\partial x}-ag(\beta)\frac{\partial}{\partial b}+\gamma\right]\psi_1(0,b)-\gamma-\left[\mu\frac{\partial}{\partial x}-ag(\beta)\frac{\partial}{\partial b}\right]\psi_2(0,$$

$$b)=0,\tag{4.27}$$

$$\left[\mu\frac{\partial}{\partial x}-ag(\beta)\frac{\partial}{\partial b}\right]\psi_2(b,b)-\left[\mu\frac{\partial}{\partial x}-ag(\beta)\frac{\partial}{\partial b}\right]\psi_3(b,b)=$$

$$0,\tag{4.28}$$

$$\lim_{x\to-\infty}\psi_1(x,b)=1。\tag{4.29}$$

证明：由于收益时间间隔 $\{T_i,i\in\mathbf{N}_+\}$ 与观察时间间隔 $\{T_i,i\in\mathbf{N}_+\}$ 分别是独立同分布且参数为 λ 与 γ 的指数随机变量序列，并且 $\{T_i,i\in\mathbf{N}_+\}$ 与 $\{T_i,i\in\mathbf{N}_+\}$ 相互独立，所以在一个无穷小的时间区间 $(0,\Delta t)$ 内，观察与收益至多发生一个，不会同时发生，一共有如下三种情况：

（1）在时间区间 $(0,\Delta t)$ 内仅有一次收益但没有观察；

（2）在时间区间 $(0,\Delta t)$ 内仅有一次观察但没有收益；

（3）在时间区间 $(0,\Delta t)$ 内既没有观察也没有收益。

当 $x<0$ 时，在一个充分小的时间区间 $(0,\Delta t)$ 内，使得 $x-c\Delta t<0$，我们有下面的方程：

$$\psi_1(x,b)=\mathrm{e}^{-(\lambda+\gamma)\Delta t}\psi_1(x-\mu\Delta t,b+a\Delta t^{\beta})+\int_0^{\Delta t}\gamma\mathrm{e}^{-\gamma t}\mathrm{e}^{-\lambda t}\times1\times\mathrm{d}t$$

$$+\int_0^{\Delta t}\lambda\mathrm{e}^{-\lambda t}\mathrm{e}^{-\gamma t}\int_0^{-x+\mu t}\psi_1(x-\mu t+y,b+at^{\beta})f(y)\mathrm{d}y\mathrm{d}t$$

$$+ \int_0^{\Delta t} \lambda e^{-\lambda t} e^{-\gamma t} \int_{-x+\mu t}^{b+at^{\beta}-x+\mu t} \psi_2(x - \mu t + y,\ b + at^{\beta}) f(y) dy dt$$

$$+ \int_0^{\Delta t} \lambda e^{-\lambda t} e^{-\gamma t} \int_{b+at^{\beta}-x+\mu t}^{\infty} \psi_3(x - \mu t + y,\ b + at^{\beta}) f(y) dy dt$$

$$= e^{-(\lambda+\gamma)\Delta t} V_1(x - \mu \Delta t,\ b + a \Delta t^{\beta}) + \int_0^{\Delta t} \gamma e^{-\gamma t} e^{-\lambda t} dt$$

$$+ \int_0^{\Delta t} \lambda e^{-\lambda t} e^{-\gamma t} \int_0^{-x+\mu t} \psi_1(x - \mu t + y,\ b + at^{\beta}) f(y) dy dt$$

$$+ \int_0^{\Delta t} \lambda e^{-\lambda t} e^{-\gamma t} \int_{-x+\mu t}^{b+at^{\beta}-x+\mu t} \psi_2(x - \mu t + y,\ b + at^{\beta}) f(y) dy dt$$

$$+ \int_0^{\Delta t} \lambda e^{-\lambda t} e^{-\gamma t} \int_{b+at^{\beta}-x+\mu t}^{\infty} \psi_3(x - \mu t + y,\ b + at^{\beta}) f(y) dy dt \,。$$

$$(4.30)$$

将式 (4.30) 两边关于 Δt 求导，有

$$0 = -(\lambda + \gamma) e^{-(\lambda+\gamma)\Delta t} \psi_1(x - \mu \Delta t,\ b + a \Delta t^{\beta}) + \gamma e^{-(\lambda+\gamma)\Delta t}$$

$$+ e^{-(\lambda+\gamma)\Delta t} \Big[-\mu \frac{\partial \psi_1(x - \mu \Delta t,\ b + a \Delta t^{\beta})}{\partial x}$$

$$+ a\beta \frac{\partial \psi_1(x - \mu \Delta t,\ b + a \Delta t^{\beta})}{\partial b} \Delta t^{\beta-1} \Big]$$

$$+ \lambda e^{-(\lambda+\gamma)\Delta t} \int_0^{-x+\mu \Delta t} \psi_1(x - \mu \Delta t + y,\ b + a \Delta t^{\beta}) f(y) dy$$

$$+ \lambda e^{-(\lambda+\gamma)\Delta t} \int_{-x+\mu \Delta t}^{b+a\Delta t^{\beta}-x+\mu \Delta t} \psi_2(x - \mu \Delta t + y,\ b + a \Delta t^{\beta}) f(y) dy$$

$$+ \lambda e^{-(\lambda+\gamma)\Delta t} \int_{b+a\Delta t^{\beta}-x+\mu \Delta t}^{\infty} \psi_3(x - \mu \Delta t + y,\ b + a \Delta t^{\beta}) f(y) dy \,。$$

当 $\Delta t \to 0$ 时，上式变为所证式 (4.24)。

当 $0 \leqslant x < b$ 时，在一个充分小的时间区间 $(0,\ \Delta t)$ 内，使得 $0 \leqslant x - c\Delta t < b + a\Delta t^{\beta}$，我们有下面的方程：

$$\psi_2(x,\ b) = e^{-(\lambda+\gamma)\Delta t} \psi_2(x - \mu \Delta t,\ b + a \Delta t^{\beta})$$

$$+ \int_0^{\Delta t} \gamma e^{-\gamma t} e^{-\lambda t} \psi_2(x - \mu t,\ b + at^{\beta}) dt$$

$$+ \int_0^{\Delta t} \lambda \mathrm{e}^{-\lambda t} \mathrm{e}^{-\gamma t} \int_0^{b+at^\beta-x+\mu t} \psi_2(x-\mu t+y,\, b+at^\beta) f(y) \mathrm{d}y \mathrm{d}t$$

$$+ \int_0^{\Delta t} \lambda \mathrm{e}^{-\lambda t} \mathrm{e}^{-\gamma t} \int_{b+at^\beta-x+\mu t}^{\infty} \psi_3(x-\mu t+y,\, b+at^\beta) f(y) \mathrm{d}y \mathrm{d}t \, 。$$

$$(4.31)$$

将式 (4.31) 两边关于 Δt 求导，有

$$0 = -(\lambda+\gamma)\mathrm{e}^{-(\lambda+\gamma)\Delta t}\psi_2(x-\mu\Delta t,\, b+a\Delta t^\beta)$$

$$+ \mathrm{e}^{-(\lambda+\gamma)\Delta t}\left[-\mu\, \frac{\partial\,\psi_2(x-\mu\Delta t,\, b+a\Delta t^\beta)}{\partial\, x}\right.$$

$$\left. + a\beta\, \frac{\partial\,\psi_2(x-\mu\Delta t,\, b+a\Delta t^\beta)}{\partial\, b}\Delta t^{\beta-1}\right]$$

$$+ \gamma\mathrm{e}^{-(\lambda+\gamma)\Delta t}\psi_2(x-\mu\Delta t,\, b+a\Delta t^\beta)$$

$$+ \lambda\mathrm{e}^{-(\lambda+\gamma)\Delta t}\int_0^{b+a\Delta t^\beta-x+\mu\Delta t}\psi_2(x-\mu\Delta t+y,\, b+a\Delta t^\beta)f(y)\mathrm{d}y$$

$$+ \lambda\mathrm{e}^{-(\lambda+\gamma)\Delta t}\int_{b+a\Delta t^\beta-x+\mu\Delta t}^{\infty}\psi_3(x-\mu\Delta t+y,\, b+a\Delta t^\beta)f(y)\mathrm{d}y \, 。$$

当 $\Delta t \to 0$ 时，上式变为所证式 (4.25)。

当 $x \geqslant b$ 时，在一个充分小的时间区间 $(0,\, \Delta t)$ 内，使得 $x - c\Delta t \geqslant b+a\Delta t^\beta$，我们有下面的方程：

$$\psi_3(x,\, b) = \mathrm{e}^{-(\lambda+\gamma)\Delta t}\psi_3(x-\mu\Delta t,\, b+a\Delta t^\beta)$$

$$+ \int_0^{\Delta t}\gamma\mathrm{e}^{-\gamma t}\mathrm{e}^{-\lambda t}\psi_3(b+at^\beta,\, b+at^\beta)\mathrm{d}t$$

$$+ \int_0^{\Delta t}\lambda\mathrm{e}^{-\lambda t}\mathrm{e}^{-\gamma t}\int_0^{\infty}\psi_3(x-\mu t+y,\, b+at^\beta)f(y)\mathrm{d}y\mathrm{d}t \, 。$$

$$(4.32)$$

将式 (4.32) 两边关于 Δt 求导，有

$$0 = -(\lambda+\gamma)\mathrm{e}^{-(\lambda+\gamma)\Delta t}\psi_3(x-\mu\Delta t,\, b+a\Delta t^\beta)$$

$$+ \mathrm{e}^{-(\lambda+\gamma)\Delta t}\left[-\mu\, \frac{\partial\,\psi_3(x-\mu\Delta t,\, b+a\Delta t^\beta)}{\partial\, x}\right.$$

$$+a\beta\,\frac{\partial\,\psi_3(x-\mu\,\Delta t,\;b+a\,\Delta t^\beta)}{\partial\,b}\Delta t^{\beta-1}\Big]$$

$$+\gamma\mathrm{e}^{-(\lambda+\gamma)\Delta t}\psi_3(b+a\,\Delta t^\beta,\;b+a\,\Delta t^\beta)$$

$$+\lambda\mathrm{e}^{-(\lambda+\gamma)\Delta t}\int_0^\infty\psi_3(x-\mu\,\Delta t+y,\;b+a\,\Delta t^\beta)f(y)\mathrm{d}y.$$

当 $\Delta t\to0$ 时，上式变为所证式（4.26）。

类似于定理 4.1 的证明，我们同样可以得到边界条件（4.27）～（4.29）。

第五节　本章小结

在本章，我们将随机观察时间引入对偶风险模型，并且在非常数值边界分红策略下研究了期望折现分红函数、最终破产概率的积分-微分方程及其所满足的边界条件。在带随机观察时间的对偶风险模型中，除了发生跳跃的时刻是随机时刻外，还有一个与之独立的随机观察时刻，并且假定破产或者分红只能发生在这些随机观察时刻。也就是说，只有在某一个随机观察时刻，资产盈余超过分红边界 b_t，才进行分红；在其他非观察时刻，即使资产盈余超过分红边界 b_t，也不会进行分红。显然，这种情况与现实世界更加符合。这些精算量带边界条件的积分-微分方程，可以为公司决策者提供一个定量指标作为参考，使得公司的分红达到最大并且公司的破产概率达到最小。

第五章 公司破产情况下
无注资最优分红策略

第一节 引言

在最近的几十年里，学者们经常用扩散模型来研究分红问题，公司的盈余过程包含了一个带漂移项与扩散项的布朗运动，其中漂移项表示公司的期望收益，扩散项表示公司的期望风险。通过应用扩散模型，很多学者都研究了具有实际意义的公司破产与分红问题。特别地，Cadenillas 等（2006）研究了带固定交易成本费用与比例税费的再保险扩散模型，在其文章里，作者假设发生破产时公司的流动资本为 0 并且公司的固定资本也为 0，即值函数 $v(0)=0$。但是在现实世界中，当公司发生破产时，公司的流动资本虽然为 0，但固定资本却不为 0，也就是说，公司的价值在发生破产时应为正数，即值函数 $v(0)>0$。因此，这类问题对于我们来说很有必要去研究且很有用处。在本章，我们假定公司破产时固定资产价值是一个正的常数 a，并且假定公司的流动资本盈余过程 X_t 是一个带常数漂移项 μ 与常数扩散项 σ 的再保险扩散模型。

第二节 基于脉冲控制的无注资破产扩散模型

记 $(\Omega,\ F,\ \{F_t\}_{t\geqslant 0},\ P)$ 为一个概率空间，是赋予了过滤

$\{F_t\}_{t\geqslant 0}$ 的完备过滤空间，F_t 表示到时刻 t 为止可以获得的所有信息，$W = \{W_t\,;\, t\geqslant 0\}$ 为该空间上的一维标准布朗运动。令非控公司的盈余过程 $\{X(t)\,;\, t\geqslant 0\}$ 是一个扩散风险模型，扩散风险模型是经典风险模型的极限形式，可以表示成

$$X(t) = x + \mu t + \sigma W_t, \tag{5.1}$$

扩散风险模型的微分方程表示为

$$\mathrm{d}X(t) = \mu\,\mathrm{d}t + \sigma\,\mathrm{d}W_t, \tag{5.2}$$

其中，$x = X(0)$ 表示公司的初始盈余，$X(t)$ 表示公司在时刻 t 时的盈余，漂移项 μ 与扩散项 σ 都为常数，σ 被称为扩散变差参数。

对于一个保险公司来说，为了降低风险，保险公司可以通过与再保险公司签订协议引入再保险策略。本章将考虑比例再保险，我们可以让盈余过程中的漂移项 μ 与扩散项 σ 同时乘以一个因子 $u(t)$ $\in [0, 1]$，$1 - u(t)$ 就是再保险的比例。我们用 T_t 表示公司从 0 到 t 时刻的分红总和，那么分红过程 $\{T_t\,;\, t\geqslant 0\}$ 可以用递增的停时序列 $\{\tau_i\,;\, i = 1, 2, \cdots\}$ 与随机变量序列 $\{\xi_i\,;\, i = 1, 2, \cdots\}$ 来描述，其中 τ_i 表示公司第 i 次分红时刻，ξ_i 表示公司第 i 次分红大小。控制策略 π 可以用 u^π，T^π 两个随机过程来表示，它属于 Borel 集，是一个关于过滤 $\{F_t\}_{t\geqslant 0}$ 的适应过程。

当运用策略 π 时，受控后的公司盈余过程的微分方程变为

$$\mathrm{d}X^\pi(t) = \mu u^\pi(t)\mathrm{d}t + \sigma u^\pi(t)\mathrm{d}W_t - \mathrm{d}T_t^\pi。 \tag{5.3}$$

初始条件为：$X^\pi(0) = x \geqslant 0$。

受控后公司的盈余过程的积分方程为

$$X(t) = x + \int_0^t \mu u(s)\mathrm{d}s + \int_0^t \sigma u(s)\mathrm{d}W_s - \sum_{n=1}^{\infty} I_{\{\tau_n < t\}}\xi_n。 \tag{5.4}$$

在上述受控模型中，我们还考虑了交易费用，包括与分红大小有关的比例交易费用以及与分红大小无关的（如咨询费、手续费

等）固定交易费用。我们用 K 表示公司分红的固定交易费用，用 $1-k$ 表示公司分红的税率，那么股东第 i 次获得的分红为 $k\xi_i - K$。由于带有固定交易费用，使得分红只能在离散的时刻发生，分红控制变为脉冲控制的分红问题。我们用 $\{\tau_i; i = 1, 2, \cdots\}$ 表示脉冲分红时刻序列，用 ξ_i 表示对应时刻 τ_i 的脉冲值，那么控制策略 π 可以用随机过程 $\pi = (u^\pi, T^\pi) = (u^\pi; \tau_1^\pi, \tau_2^\pi, \cdots, \tau_i^\pi, \cdots; \xi_1^\pi, \xi_2^\pi, \cdots, \xi_i^\pi, \cdots)$ 来表示。

定义 5.1（可允许策略） 我们称策略

$$\pi = (u^\pi, T^\pi) = (u; \tau_1^\pi, \tau_2^\pi, \cdots, \tau_i^\pi, \cdots; \xi_1^\pi, \xi_2^\pi, \cdots, \xi_i^\pi, \cdots) \tag{5.5}$$

为可允许控制的或者可允许策略，如果满足：

(1) $0 \leqslant \tau_1 < \tau_2 < \cdots < \tau_n \cdots$；

(2) τ_n 是关于过滤 $\{F_t\}_{t \geqslant 0}$ 的停时，$n = 1, 2, 3, \cdots$；

(3) 随机变量 ξ_n 是 $F_{\tau_n^-}$ 可测的并且 $\dfrac{K}{k} \leqslant \xi_n \leqslant X_{\tau_n^-}^\pi$，$n = 1, 2, 3, \cdots$；

(4) $u(t)$ 为关于过滤 $\{F_t\}_{t \geqslant 0}$ 的适应过程；

(5) 对于任意的正数 t，有 $P(\lim\limits_{n \to \infty} \tau_n \leqslant t) = 0$。

我们将所有可允许策略的集合记作 $\Pi = \{\pi : \pi$ 为可允许策略$\}$，Π 被称作容许控制集。

公司的破产时刻定义为

$$\tau = \inf\{t \geqslant 0 : X(t) \leqslant 0\}。 \tag{5.6}$$

定义效用函数（$g : [0, \infty) \to (-\infty, \infty)$）：

$$g(\omega) = k\omega - K, \tag{5.7}$$

其中，$k \in (0, 1)$，$K \in (0, \infty)$，$1-k$ 表示发生分红时的税率，K 表示每次分红时产生的固定交易费用，ω 表示从公司盈余过程中取出的量，$k\omega - K$ 表示实际得到的公司分红。

对于每一个可允许策略 π，我们将受控系统的性能指标定义为

$$J(x,\pi) = E_x \left[\sum_{n=1}^{\infty} e^{-\lambda \tau_n} g(\xi_n) I_{\{\tau_n < \tau\}} + e^{-\lambda \tau} a \right], \qquad (5.8)$$

其中，$\lambda > 0$ 是折现因子，a 是发生破产时公司固定资产的价值。

我们的目标就是寻找到可允许策略中使得性能指标达到最大的那个策略 π^*，定义值函数：

$$V(x) = \sup_{\pi \in \Pi} J(x,\pi) = \sup_{\pi \in \Pi} E_x \left[\sum_{n=1}^{\infty} e^{-\lambda \tau_n} g(\xi_n) I_{\{\tau_n < \tau\}} + e^{-\lambda \tau} a \right],$$

$$(5.9)$$

最优策略 π^* 使得值函数 $V(x) = J(x,\pi^*)$。

第三节　最优值函数的性质

下面将要得到值函数的一些性质，并建立与受控过程相对应的拟变分不等式。

引理 5.1　对于任意 $x \in [0,\infty)$，式（5.9）中的值函数 $V(x)$ 满足

$$V(x) \leqslant k \left(x - e^{-\lambda \tau} a + \frac{|\mu|}{\lambda} \right)。 \qquad (5.10)$$

证明：定义一个随机过程：

$$Y(t) = x + \int_0^t \mu u(s) \mathrm{d}s + \int_0^t \sigma u(s) \mathrm{d}W_s,$$

那么

$$E_x \left[\int_0^{\tau} e^{-\lambda s} \mathrm{d}Y(s) \right] = E_x \left[\int_0^{\tau} e^{-\lambda s} \mu u(s) \mathrm{d}s \right] \leqslant E_x \left[\int_0^{\infty} e^{-\lambda s} |\mu| \mathrm{d}s \right] = \frac{|\mu|}{\lambda}。$$

$$(5.11)$$

通过伊藤公式，有

$$e^{-\lambda\tau}X(\tau) = x - \lambda\int_0^\tau e^{-\lambda s}X(s)\mathrm{d}s + \int_0^\tau e^{-\lambda s}\mathrm{d}X(s)。$$

由于 $X(\tau) = a$ 且对于任意的 $t \leqslant \tau$ 都有 $X(t) \geqslant 0$，所以

$$-E_x\left[\int_0^\tau e^{-\lambda s}\mathrm{d}X(s)\right] = x - e^{-\lambda\tau}a - \lambda E_x\left[\int_0^\tau e^{-\lambda s}X(s)\mathrm{d}s\right] \leqslant x - e^{-\lambda\tau}a。$$

$$(5.12)$$

很明显有如下不等式：

$$J(x;(u,\tau,\xi)) \leqslant k E_x\left[\sum_{n=1}^\infty e^{-\lambda\tau_n}\xi_n I_{(\tau_n < \tau)}\right]$$

$$= k E_x\left[\int_0^\tau e^{-\lambda s}\mathrm{d}Y(s)\right] - k E_x\left[\int_0^\tau e^{-\lambda s}\mathrm{d}X(s)\right]。$$

$$(5.13)$$

由不等式 (5.11)，(5.12)，(5.13)，很容易得到 (5.10)。

对于效用函数 (5.7) 中的 g，函数 $\varphi: [0, \infty) \rightarrow \mathbf{R}$，我们定义一个最优效用算子如下：

$$M\varphi(x) = \sup_\omega\{\varphi(x - \omega) + g(\omega): 0 < \omega \leqslant x\}。 \quad (5.14)$$

我们假设对于任意的初始值 x 都存在一个最优策略，如果公司分红发生在时刻 0，分红量为 ω，那么公司的盈余水平就会从初始的 x 减少到 $x - \omega$。如果在初始分红之后的每一次都采用最优策略，那么在这个最优策略下的总的效用为 $k\omega - K + V(x - \omega)$。因此，在这样一个最优策略下，最大的期望效用将为 $MV(x)$。另一方面，对于每一个初始位置 x，如果存在一个最优策略使得其在整个区域都是最优的，那么在这个最优策略下的最大期望效用将为 $V(x)$，这个最优策略下的最大期望效用应该不小于其他任何策略下的最大期望效用。因此，有

$$V(x) \geqslant MV(x)。 \quad (5.15)$$

定义一个算子 L^u 如下：

$$L^u v(x) = \frac{1}{2}\sigma^2 u^2 v''(x) + \mu u v'(x) - \lambda v(x)。 \tag{5.16}$$

通过动态规划原理，能够得到在连续的区域上，值函数满足

$$\max_{u\in[0,1]} L^u V(x) = 0。 \tag{5.17}$$

定义 5.2　设函数 $v(x)$：$[0, \infty) \to [0, \infty)$，如果对于任意的 $x \in [0, \infty)$ 与 $u \in [0, 1]$，有

$$(QVI)\begin{cases} v(x) \geqslant Mv(x), \\ L^u v(x) \leqslant 0, \\ [v(x) - Mv(x)](\max_{u\in[0,1]} L^u v(x)) = 0, \\ v(0) = a > 0, \end{cases} \tag{5.18}$$

那么称 $v(x)$ 为满足这个可控问题的拟变分不等式（quasi-variational inequality，QVI）。

定义 5.3　我们称策略 $\pi^v = (u^v, T^v) = (u^v; \tau_1^v, \tau_2^v, \cdots, \tau_i^v, \cdots; \xi_1^v, \xi_2^v, \cdots, \xi_i^v, \cdots)$ 为 QVI 控制的可容许策略，如果脉冲分红满足：

$$\begin{cases} P\{u^v(t) \neq \arg\max_{u\in[0,1]} L^u v(X_t^v), X_t^v \in C\} = 0; \\ \tau_0^v = 0, \xi_0^v = 0; \\ \tau_1^v = \inf\{t \geqslant 0: v(X^v(t)) = Mv(X^v(t))\}; \\ \xi_1^v = \arg\sup_{0<\eta\leqslant X^v(\tau_1^v)} \{v(X^v(\tau_1^v) - \eta) + g(\eta)\}; \end{cases} \tag{5.19}$$

并且对于每一个 $n \geqslant 2$ 有：

$$\begin{cases} \tau_n^v = \inf\{t \geqslant \tau_{n-1}: v(X^v(t)) = Mv(X^v(t))\}; \\ \xi_n^v = \arg\sup_{0<\eta\leqslant X^v(\tau_n^v)} \{v(X^v(\tau_n^v) - \eta) + g(\eta)\}; \\ \tau^v = \inf\{t \geqslant 0: X^v(t) = 0\}。 \end{cases} \tag{5.20}$$

定理 5.1　令 $v(x)$ 在 $[0, \infty)$ 上是一阶连续可微的，并且

$v(x)$ 是拟变分不等式 QVI 的解。假设存在 $U > 0$ 使得 $v(x)$ 在 $[0, U)$ 上二阶连续可微，并且 $v(x)$ 在 $[U, \infty)$ 是线性的，那么，对于任意的 $x \in [0, \infty)$，有 $V(x) \leqslant v(x)$。更进一步，如果与 $v(x)$ 有关的 QVI 控制的策略 $\{u^v, T^v, \xi^v, \tau^v\}$ 是可容许策略，那么 v 同样是最优值函数，并且与 $v(x)$ 有关的 QVI 控制的策略 $\{u^v, T^v, \xi^v, \tau^v\}$ 是最优策略。可以如下表示：

$$V(x) = v(x) = J(x; u^v, T^v, \xi^v, \tau^v)。 \qquad (5.21)$$

证明：由于 $v'(x)$ 在区间 $[0, \infty)$ 上是连续的函数并且在区间 $[U, \infty)$ 上是一个常数，所以 $v'(x)$ 在区间 $[0, \infty)$ 上是有界的。同样地，由于 $v(x)$ 在区间 $[0, \infty)$ 上是一阶连续可微的，那么 $v(x)$ 在区间 $[0, U)$ 上也是有界的。我们用 $X = X^{(u, T, \xi, \tau)}$ 来表示可容许策略 (u, T, ξ, τ) 决定的轨迹。

由 $v(x)$ 在 $[U, \infty)$ 是线性的以及 $v(x)$ 在 $[0, U)$ 是有界的，有

$$\lim_{t \to \infty} E_x [e^{-\lambda t} v(X(t))] = 0。 \qquad (5.22)$$

由 $v'(x)$ 在区间 $[0, \infty)$ 是有界的，有

$$E_x \left[\int_0^\infty [e^{-\lambda t} v'(X(t))]^2 \, dt \right] < \infty。 \qquad (5.23)$$

所以，对于任意的 $n \geqslant 1$，有

$$e^{-\lambda(t \wedge \tau_n)} v(X(t \wedge \tau_n)) - v(X(0))$$

$$= e^{-\lambda(t \wedge \tau_n)} v(X(t \wedge \tau_n)) - v(x)$$

$$= \sum_{i=1}^n [e^{-\lambda(t \wedge \tau_i)} v(X(t \wedge \tau_i)) - e^{-\lambda(t \wedge \tau_{i-1})} v(X(t \wedge \tau_{i-1}))]$$

$$= \sum_{i=1}^n [e^{-\lambda(t \wedge \tau_i)} v(X(t \wedge \tau_i^-)) - e^{-\lambda(t \wedge \tau_{i-1})} v(X(t \wedge \tau_{i-1}))]$$

$$+ \sum_{i=1}^n I_{\{\tau_i \leqslant t\}} e^{-\lambda \tau_i} [v(X(\tau_i)) - v(X(\tau_i^-))]。 \qquad (5.24)$$

利用伊藤公式，有

$$e^{-\lambda(t \wedge \tau_i)} v(X(t \wedge \tau_i^-)) - e^{-\lambda(t \wedge \tau_{i-1})} v(X(t \wedge \tau_{i-1}))$$

$$= \int_{t \wedge \tau_{i-1}}^{t \wedge \tau_i} e^{-\lambda s} \left[\frac{1}{2} \sigma^2 u_s^2 v''(X(s)) + \mu u_s v'(X(s)) - \lambda v(X(s)) \right] \mathrm{d}s$$

$$+ \int_{t \wedge \tau_{i-1}}^{t \wedge \tau_i} e^{-\lambda s} v'(X(s)) \sigma u_s \mathrm{d}W_s$$

$$= \int_{t \wedge \tau_{i-1}}^{t \wedge \tau_i} e^{-\lambda s} L^{u_s} v(X(s)) \mathrm{d}s + \int_{t \wedge \tau_{i-1}}^{t \wedge \tau_i} e^{-\lambda s} v'(X(s)) \sigma u_s \mathrm{d}W_s \text{。} \quad (5.25)$$

由于 $L^{u_s} v(X(s)) \leqslant 0$，所以有

$$e^{-\lambda(t \wedge \tau_i)} v(X(t \wedge \tau_i^-)) - e^{-\lambda(t \wedge \tau_{i-1})} v(X(t \wedge \tau_{i-1}))$$

$$\leqslant \int_{t \wedge \tau_{i-1}}^{t \wedge \tau_i} e^{-\lambda s} v'(X(s)) \sigma u_s \mathrm{d}W_s \text{。} \quad (5.26)$$

由 $v(x) \geqslant M v(x)$，对于任意的 $\tau_i \in [0, t)$，有

$$e^{-\lambda \tau_i} [v(X(\tau_i)) - v(X(\tau_i^-))] \leqslant - e^{-\lambda \tau_i} g(\xi_i) \text{。} \quad (5.27)$$

结合式（5.24）、式（5.26）与式（5.27），取期望之后，有

$$v(x) - E_x [e^{-\lambda(t \wedge \tau_n)} v(X(t \wedge \tau_n))]$$

$$\geqslant E_x \left[\sum_{i=1}^{n} (I_{\{\tau_i \leqslant t\}} e^{-\lambda \tau_i} g(\xi_i) - \int_{t \wedge \tau_{i-1}}^{t \wedge \tau_i} e^{-\lambda s} v'(X(s)) \sigma u_s \mathrm{d}W_s) \right] \text{。}$$

$$(5.28)$$

由式（5.22）以及 Brown 运动的性质，有

$$E_x \left[\int_{t \wedge \tau_{i-1}}^{t \wedge \tau_i} e^{-\lambda s} v'(X(s)) \sigma u_s \mathrm{d}W_s \right] = 0 \text{。} \quad (5.29)$$

所以，

$$v(x) - E_x [e^{-\lambda(t \wedge \tau_n)} v(X(t \wedge \tau_n))]$$

$$\geqslant E_x \left[\sum_{i=1}^{n} I_{\{\tau_i \leqslant t\}} e^{-\lambda \tau_i} g(\xi_i) \right] \text{。} \quad (5.30)$$

另外，如果公司的资本 $X(t)$ 永远不为 0，也就是说公司永远不会破产，那么当 $n \to \infty$ 时有 $\tau_n \to \infty$。如果公司的资本 $X(t)$ 在时刻

$t = \tau < \infty$时 为 0，也就是说此时公司发生破产，那么存在正整数 N 使得 $\tau_{N-1} < \tau = \tau_N$ 。令 $\tau_{N+1} = \tau_{N+2} = \tau_{N+3} = \cdots = \tau$ ，那么不管公司是否破产，都有 $\lim\limits_{n \to \infty} \tau_n = \tau$ 。

对式（5.30）两边取极限 $n \to \infty$，有

$$v(x) - E_x \left[e^{-\lambda(t \wedge \tau)} v(X(t \wedge \tau)) \right]$$

$$\geqslant E_x \left[\sum_{i=1}^{\infty} I_{\{\tau_i \leqslant t\}} e^{-\lambda \tau_i} g(\xi_i) \right] 。 \tag{5.31}$$

再对式（5.31）两边取极限 $t \to \infty$，有

$$v(x) - E_x \left[e^{-\lambda \tau} v(X(\tau)) \right] \geqslant E_x \left[\sum_{i=1}^{\infty} I_{\{\tau_i \leqslant \tau\}} e^{-\lambda \tau_i} g(\xi_i) \right] 。 \tag{5.32}$$

所以，

$$v(x) \geqslant E_x \left[\sum_{i=1}^{\infty} I_{\{\tau_i \leqslant \tau\}} e^{-\lambda \tau_i} g(\xi_i) \right] + E_x \left[e^{-\lambda \tau} v(X(\tau)) \right]$$

$$= E_x \left[\sum_{i=1}^{\infty} I_{\{\tau_i \leqslant \tau\}} e^{-\lambda \tau_i} g(\xi_i) \right] + E_x \left[e^{-\lambda \tau} v(0) \right]$$

$$= E_x \left[\sum_{i=1}^{\infty} I_{\{\tau_i \leqslant \tau\}} e^{-\lambda \tau_i} g(\xi_i) \right] + E_x \left[e^{-\lambda \tau} a \right]$$

$$= E_x \left[\sum_{i=1}^{\infty} I_{\{\tau_i \leqslant \tau\}} e^{-\lambda \tau_i} g(\xi_i) + e^{-\lambda \tau} a \right] 。 \tag{5.33}$$

通过式（5.33），我们知道，对于每一个可容许策略 $(u，T，\xi，\tau) \in \Pi$ ，都有

$$v(x) \geqslant J(x ; u，T，\xi，\tau) 。 \tag{5.34}$$

与 $v(x)$ 相对应的控制 $\{u^v，T^v，\xi^v，\tau^v\}$ 再用在式（5.34）上，即有式（5.21）成立。

第四节 拟变分不等式的光滑解

在本节，我们首先描述一下 Cadenillas 等（2006）的文章中边

界为 0 条件下拟变分不等式 QVI_0 的光滑解，然后利用文章中相似的方法，可以得到边界非 0 条件下拟变分不等式 QVI 的光滑解。

一、边界为 0 条件下拟变分不等式 QVI_0 的光滑解

我们考虑类似（5.18）中关于拟变分不等式 QVI_0 的问题如下：

$$(\text{QVI}_0)\begin{cases} v_0(x) \geqslant Mv_0(x), \\ L^u v_0(x) \leqslant 0, \\ [v_0(x) - Mv_0(x)](\max_{u \in [0,1]} L^u v_0(x)) = 0, \\ v_0(0) = 0. \end{cases} \tag{5.35}$$

令常数 $\gamma = \dfrac{\lambda}{\lambda + \dfrac{\mu^2}{2\sigma^2}}$ ，并且定义：

$$\begin{cases} X_0 = \dfrac{(1-\gamma)\sigma^2}{\mu}, \\ X_1 = \inf\{x \geqslant 0: v_0(x) = Mv_0(x)\}. \end{cases} \tag{5.36}$$

通过 Cadenillas 等（2006）的文章中的方法，我们可以得到拟变分不等式 QVI_0 的解的结构如下：

$$v_0(x) = \begin{cases} C_0 x^\gamma, & x \in [0, X_0), \\ C_0 a_1 e^{\theta_+(x-X_0)} + C_0 a_2 e^{\theta_-(x-X_0)}, & x \in [X_0, X_1), \\ v_0(\tilde{X}) + k(x - \tilde{X}) - K, & x \in [X_1, \infty), \end{cases} \tag{5.37}$$

其中，C_0 是一个自由常数，θ_+，θ_-，a_1，a_2 分别如下：

$$\theta_+ = \frac{-\mu + \sqrt{\mu^2 + 2\lambda\sigma^2}}{\sigma^2}, \quad \theta_- = \frac{-\mu - \sqrt{\mu^2 + 2\lambda\sigma^2}}{\sigma^2}, \tag{5.38}$$

$$a_1 = \frac{\gamma X_0^{\gamma-1} - \theta_- X_0^\gamma}{\theta_+ - \theta_-}, \quad a_2 = \frac{\theta_+ X_0^\gamma - \gamma X_0^{\gamma-1}}{\theta_+ - \theta_-}, \tag{5.39}$$

并且 $\tilde{X}$ 为方程 $V_0'(x) = k$ 在区间 $(0, X_1)$ 上唯一的一个解。在 Cadenillas 等（2006）的文章中，已经证明了 $a_1 > 0$ 与 $a_2 < 0$。

我们定义一个函数 $H(x)$ 如下：

$$
H(x) = \begin{cases} \gamma x^{\gamma-1}, & x \in [0, X_0), \\ a_1\theta_+ e^{\theta_+(x-X_0)} + a_2\theta_- e^{\theta_-(x-X_0)}, & x \in [X_0, \infty)。 \end{cases} \tag{5.40}
$$

令 $I_0(\widetilde{C}_0) = \int_{\widetilde{X}^{\widetilde{C}_0}}^{X_1^{\widetilde{C}_0}} [k - \widetilde{C}_0 H(x)]\mathrm{d}x$，那么 $I_0(\widetilde{C}_0)$ 是关于 $\widetilde{C}_0$ 的

递减函数并且值域为 $[0, +\infty)$。因此，存在唯一的 $\widetilde{C}_0$，$\widetilde{X}^{\widetilde{C}_0}$ 与

$X_1^{\widetilde{C}_0}$ 使得 $I_0(\widetilde{C}_0) = K$。更进一步，在 Cadenillas 等（2006）的文章

中，已经证明了拟变分不等式 QVI_0 可以由式（5.37）给出，其中

$C_0 = \widetilde{C}_0$，$\widetilde{X} = \widetilde{X}^{\widetilde{C}_0}$，$X_1 = X_1^{\widetilde{C}_0}$。

二、边界非 0 条件下拟变分不等式 QVI 的光滑解

QVI 与 QVI_0 的区别仅仅是边界条件，因此我们可以推测 QVI

与 QVI_0 的解具有相似之处。

首先，我们讨论区间 $[0, x_1)$ 上拟变分不等式 QVI 的光滑解。

类似于式（5.36），我们定义：

$$
x_1 = \inf\{x \geqslant 0: v(x) = Mv(x)\}。 \tag{5.41}
$$

那么，在区间 $(0, x_1)$，通过 QVI，有

$$
\max_{u \in [0, 1]} L^u v(x) = 0, \ 0 < x < x_1。 \tag{5.42}
$$

令 $u(x) \in \mathbf{R}$ 且使得式（5.42）的左边达到最大，那么

$$
u(x) = -\frac{\mu v'(x)}{\sigma^2 v''(x)}。 \tag{5.43}
$$

将式（5.43）代入式（5.42），有

$$
-\frac{\mu^2 [v'(x)]^2}{2\sigma^2 v''(x)} - \lambda v(x) = 0。 \tag{5.44}
$$

当边界条件 $v(0)=a$ 时，式（5.44）的解为

$$v(x)=C\left[\left(\frac{a}{C}\right)^{\frac{1}{\gamma}}+x\right]^{\gamma}, \qquad (5.45)$$

其中，C 是一个自由常数。通过式（5.43）与式（5.45），有

$$u(x)=\frac{\mu}{(1-\gamma)\sigma^{2}}\left[x+\left(\frac{a}{C}\right)^{\frac{1}{\gamma}}\right]。 \qquad (5.46)$$

由于上面的函数 $u(x)$ 为递增的线性函数，$u(x)\leqslant 1$ 当且仅当 $x\leqslant x_{0}$，其中

$$x_{0}=\frac{(1-\gamma)\sigma^{2}}{\mu}-\left(\frac{a}{C}\right)^{\frac{1}{\gamma}}=X_{0}-\left(\frac{a}{C}\right)^{\frac{1}{\gamma}}。 \qquad (5.47)$$

因此，如果 $x_{0}>0$ 并且 $x_{0}<x<x_{1}$，有 $u(x)\geqslant 1$。又由于函数 $u(x)$ 的值域为 $[0,1]$，那么对于 $x\in(x_{0},x_{1})$，有 $u(x)=1$。此时，式（5.44）变为

$$\frac{1}{2}\sigma^{2}v''(x)+\mu v'(x)-\lambda v(x)=0,\ x\in(x_{0},x_{1})。 \qquad (5.48)$$

式（5.48）的解如下：

$$v(x)=C_{1}e^{\theta_{+}(x-x_{0})}+C_{2}e^{\theta_{-}(x-x_{0})},\ x\in(x_{0},x_{1}), \qquad (5.49)$$

其中，C_{1} 与 C_{2} 是自由常数，θ_{+} 与 θ_{-} 是式（5.38）中给定的。由函数 $v(x)$ 的连续性以及 $v'(x)$ 在 x_{0} 处的值，很容易知道 $C_{1}=Ca_{1}$ 与 $C_{2}=Ca_{2}$，其中 C 是一个自由常数，并且 a_{1} 与 a_{2} 是式（5.39）中定义的。

另一方面，如果 $x_{0}\leqslant 0$，那么对于任意的 $x\in[0,x_{1}]$，有 $u(x)=1$，此时，式（5.44）变为

$$\begin{cases}\frac{1}{2}\sigma^{2}v''(x)+\mu v'(x)-\lambda v(x)=0,\ x\in[0,x_{1}),\\ v(0)=a。\end{cases} \qquad (5.50)$$

可以得到式（5.50）的解如下：

$$v(x) = C_1 e^{\theta + x} + C_2 e^{\theta - x}, \quad x \in [0, x_1),$$

其中，$C_1 + C_2 = a$。

综上，我们可以总结一下（5.42）的解 $v(x)$ 在区间 $[0, x_1)$ 上可能的结构。

如果 $x_0 > 0$，那么

$$v(x) = \begin{cases} C\left[\left(\dfrac{a}{C}\right)^{\frac{1}{\gamma}} + x\right]^{\gamma}, & x \in [0, x_0), \\ Ca_1 e^{\theta + (x - x_0)} + Ca_2 e^{\theta - (x - x_0)}, & x \in [x_0, x_1), \end{cases} \tag{5.51}$$

其中，C 是一个自由常数。

如果 $x_0 \leqslant 0$，那么

$$v(x) = C_1 e^{\theta + x} + C_2 e^{\theta - x}, \quad x \in [0, x_1), \tag{5.52}$$

其中，$C_1 + C_2 = a$。

命题 5.1 从式（5.47），可以看出 x_0 依赖于不确定的参数 C（我们会在后面介绍如何估计参数 C）。对于不同的参数 C，x_0 可能为正数，可能为负数，也可能为 0。很容易证明，$x_0 > 0$ 与 $C > aX_0^{-\gamma}$ 是等价的，$x_0 \to 0_+$ 与 $C \to (aX_0^{-\gamma})_+$ 是等价的。另外，式（5.51）与式（5.52）在 $x_0 = 0$ 时是互相一致的。对于任意的 $x \in (0, x_1)$，有极限：

$$\lim_{C \to (aX_0^{-\gamma})_+} (Ca_1 e^{\theta + (x - x_0)} + Ca_2 e^{\theta - (x - x_0)})$$

$$= aX_0^{-\gamma} a_1 e^{\theta + x} + aX_0^{-\gamma} a_2 e^{\theta - x}$$

$$= \lim_{C_1 \to (aX_0^{-\gamma} a_1)_-} [C_1 e^{\theta + x} + (a - C_1) e^{\theta - x}]。 \tag{5.53}$$

在 $C = aX_0^{-\gamma}$，由于式（5.51）与式（5.52）是一致的，有 $C_1 = Ca_1$。通过式（5.52）存在的条件，不难发现 $C \leqslant aX_0^{-\gamma}$。因此，当 $C \leqslant aX_0^{-\gamma}$ 时，有 $C_1 = Ca_1$。

命题 5.2 对于式（5.51）中的函数 $v(x)$，通过 $a_1 > 0$ 与

$a_2 < 0$，很容易证明在区间 $[0, x_1)$ 上，$v'''(x) > 0$。因此，式 (5.51) 中的一阶导数 $v'(x)$ 在区间 $[0, x_1)$ 上是凸的。

接下来，我们讨论 $x = x_1$ 处拟变分不等式 QVI 的光滑解。

根据 x_1 的定义，有 $v(x_1) = Mv(x_1)$。从极限

$$\lim_{\eta \to 0}[v(x_1 - \eta) + k\eta - K] = v(x_1) - K < v(x_1) \quad (5.54)$$

可以看出，对于 $v(x_1) = Mv(x_1)$ 来说，η 取不到 0。因此，在 x_1 处，式 (5.14) 的右侧可以由 $\eta \in [\varepsilon, x_1]$ 替代，其中 $\varepsilon > 0$。因此，存在 $\eta(x_1) \in (0, x_1]$，使得

$$v(x_1) = v[x_1 - \eta(x_1)] + k\eta(x_1) - K。 \quad (5.55)$$

令 $\tilde{x} = x_1 - \eta(x_1)$，那么 $0 \leqslant \tilde{x} < x_1$，并且

$$v(x_1) = v(\tilde{x}) + k(x_1 - \tilde{x}) - K。 \quad (5.56)$$

由式 (5.56)，有

$$v(x_1) - v(\tilde{x}) = \int_{\tilde{x}}^{x_1} v'(x)\mathrm{d}x = k(x_1 - \tilde{x}) - K, \quad (5.57)$$

因此，

$$\int_{\tilde{x}}^{x_1} [k - v'(x)]\mathrm{d}x = K。 \quad (5.58)$$

命题 5.3　如果 $\tilde{x} = 0$，那么 $v(x_1) = v(0) + kx_1 - K = a + kx_1 - K$，也就意味着公司分红只会发生一次，紧接着就会发生破产。这是一个非常重要的现象，值得我们去讨论。

第五节　不固定参数的唯一性

在上一节中得到的一些参数，比如 C，C_1，C_2 是不固定的数值，因此，这一节将定义两个有用的积分函数来讨论对应参数的唯一性，并通过数值实例来支持我们得到的理论结果。

一、两类积分函数的定义与性质

从命题 5.1 中，可知当 $C \leqslant aX_0^{-\gamma}$ 时，$C_1 = Ca_1$，并且对于不同的参数 C，x_0 可能为正数，可能为负数，也可能为 0。因此，我们借助于两个构建的积分函数将 x_0 分为 $x_0 > 0$ 与 $x_0 \leqslant 0$ 两种情况来讨论。

首先，讨论第一种情况：$x_0 > 0$。

令函数

$$H^C(x) = \begin{cases} \gamma \left[\left(\dfrac{a}{C} \right)^{\frac{1}{\gamma}} + x \right]^{\gamma-1}, & x \in [0, x_0), \\ a_1 \theta_+ \, e^{\theta_+(x-x_0)} + a_2 \theta_- \, e^{\theta_-(x-x_0)}, & x \in [x_0, \infty), \end{cases} \tag{5.59}$$

其中，C 为常数，x_0 为式（5.47）定义中的，并且 $C > aX_0^{-\gamma}$。

我们定义第一个积分函数：

$$I_1(C) = \int_{\tilde{x}^C \vee 0}^{x_1^C} [k - CH^C(x)] \mathrm{d}x, \tag{5.60}$$

其中，x_1^C 与 $\tilde{x}^C$ 为方程 $k - CH^C(x) = 0$ 的两个非负的根，并且 $\tilde{x}^C < x_1^C$，$\tilde{x}^C \vee 0$ 表示 $\max\{\tilde{x}^C, 0\}$。如果 $\tilde{x}^C$ 在 $[0, \infty)$ 上不存在，就令 $\tilde{x}^C \vee 0 = 0$。

从 $H^C(x)$ 与 $I_1(C)$ 的定义中，很明显可以得到 $CH^C(x)$ 是关于 C 的一个连续函数。另外，$\tilde{x}^C \vee 0$ 与 x_1^C 也是关于 C 的连续函数。因此，积分函数 $I_1(C)$ 是一个连续函数。

引理 5.2　对于式（5.59）中定义的函数 $H^C(x)$ 在区间 $[0, \infty)$ 上是凸的，即 $(H^C)''(x) > 0$。另外，$CH^C(x)$ 是关于 C 的一个连续函数，即 $(CH^C(x))' > 0$。对于积分函数 $I_1(C)$，它在 $(aX_0^{-\gamma}, \infty)$ 的一些子区间上是一个连续的严格单调递减的函数。

接下来，讨论第二种情况：$x_0 \leqslant 0$。

令函数 $H^{C_1}(x) = C_1 \theta_+ e^{\theta_+ x} + (a - C_1) \theta_- e^{\theta_- x}$，其中 $x \in [0, \infty)$。

我们定义第二个积分函数：

$$I_2(C_1) = \int_{\tilde{x}^{C_1} \vee 0}^{x_1^{C_1}} [k - H^{C_1}(x)] dx, \tag{5.61}$$

其中，$x_1^{C_1}$ 与 $\tilde{x}^{C_1}$ 为方程 $k - H^{C_1}(x) = 0$ 的两个非负的根，并且 $\tilde{x}^{C_1} < x_1^{C_1}$，$\tilde{x}^{C_1} \vee 0$ 表示 $\max\{\tilde{x}^{C_1}, 0\}$。如果 $\tilde{x}^{C_1}$ 在 $[0, \infty)$ 上不存在，就令 $\tilde{x}^{C_1} \vee 0 = 0$。

接下来，求式（5.61）中的 $I_2(C_1)$ 关于 C_1 的导数如下：

$$I'_2(C_1) = \int_{\tilde{x}^{C_1} \vee 0}^{x_1^{C_1}} (-\theta_+ e^{\theta_+ x} + \theta_- e^{\theta_- x}) dx。 \tag{5.62}$$

由于 $\theta_+ > 0$ 与 $\theta_- < 0$，所以，对于任意的 $C_1 > 0$，有 $I'_2(C_1) < 0$。

引理 5.3 对于积分函数 $I_2(C_1)$，它在 $(0, aX_0^{-\gamma} a_1)$ 的一些子区间上是连续的严格单调递减的函数。另外，有 $\lim\limits_{C_1 \to 0} x_1^{C_1} = \infty$ 与 $\lim\limits_{C_1 \to 0} I_2(C_1) = \infty$。

命题 5.4 如果对于足够小的正数 C_1，存在 $a - C_1 > 0$，那么函数 $H^{C_1}(x)$ 可能没有凸性，因为 $(H^{C_1})''(x) > 0$ 可能并不满足。

下面我们讨论两类积分函数 $I_1(C)$ 与 $I_2(C_1)$ 在 $x_0 = 0$ 处的一些性质。

首先，积分函数 $I_1(C)$ 与 $I_2(C_1)$ 在 $x_0 = 0$ 处有一些共同的性质。由于 $C_1 = Ca_1$ 与 $C = aX_0^{-\gamma}$，所以

$$a - C_1 = a - aX_0^{-\gamma} a_1 = a(1 - X_0^{-\gamma} a_1) = aX_0^{-\gamma}(X_0^\gamma - a_1) = aX_0^{-\gamma} a_2。 \tag{5.63}$$

当 $x_0 = 0$ 时，我们发现积分函数 $I_1(C)$ 与 $I_2(C_1)$ 是相同的。

因此，如果 $x_1^{C_1}$ 在 $C_1 = aX_0^{-\gamma}a_1$ 处存在，那么 $I_2(aX_0^{-\gamma}a_1) = I_1(aX_0^{-\gamma})$。我们可以通过下面的引理来判断 $I_2(aX_0^{-\gamma}a_1) > 0$ 是否成立。

引理 5.4 积分函数 $I_2(aX_0^{-\gamma}a_1) > 0$ 的等价条件为 $k > aM^*$，其中

$$M^* = \left(-\frac{\theta_-}{\theta_+}\right)^{\frac{\theta_-}{\theta_+ - \theta_-}}\left(\frac{2\lambda}{\mu} - \theta_-\right)。 \tag{5.64}$$

证明：令函数 $B(x) = aX_0^{-\gamma}a_1\theta_+ \mathrm{e}^{\theta_+ x} + aX_0^{-\gamma}a_2\theta_- \mathrm{e}^{\theta_- x}$，很容易知道 $B''(x) > 0$，所以 $B(x)$ 有凸性。$I_2(aX_0^{-\gamma}a_1) > 0$ 的一个等价条件为

$$\min_{x \in [0, \infty)} B(x) < k。 \tag{5.65}$$

通过解 $B'(x) = 0$，有

$$x = \frac{1}{\theta_+ - \theta_-}\ln\left(\frac{-a_2\theta_-^2}{a_1\theta_+^2}\right)。 \tag{5.66}$$

很容易验证 $\dfrac{-a_2\theta_-^2}{a_1\theta_+^2} > 1$，因此 $x > 0$。将式（5.66）代入 $B(x)$，有

$$\min_{x \in [0, \infty)} B(x) = aX_0^{-\gamma}\left[a_1\theta_+\left(\frac{-a_2\theta_-^2}{a_1\theta_+^2}\right)^{\frac{\theta_+}{\theta_+ - \theta_-}} + a_2\theta_-\left(\frac{-a_2\theta_-^2}{a_1\theta_+^2}\right)^{\frac{\theta_-}{\theta_+ - \theta_-}}\right]$$

$$= aX_0^{-\gamma}\left(\frac{-a_2\theta_-^2}{a_1\theta_+^2}\right)^{\frac{\theta_+}{\theta_+ - \theta_-}} \cdot \frac{a_1\theta_+(\theta_- - \theta_+)}{\theta_-}$$

$$= a\left(-\frac{\theta_-}{\theta_+}\right)^{\frac{\theta_-}{\theta_+ - \theta_-}} \cdot \left(\frac{2\lambda}{\mu} - \theta_-\right)$$

$$= aM^*。 \tag{5.67}$$

通过式（5.65）与式（5.67），可以完成证明。

命题 5.5 式（5.64）中 $M^* = \left(-\dfrac{\theta_-}{\theta_+}\right)^{\frac{\theta_-}{\theta_+ - \theta_-}}\left(\dfrac{2\lambda}{\mu} - \theta_-\right)$ 有一个

重要的不等式如下：

$$\frac{\lambda}{\mu} < M^* < \frac{2\lambda}{\mu}。 \tag{5.68}$$

证明：对 $M^* = \left(-\frac{\theta_-}{\theta_+}\right)^{\frac{\theta_-}{\theta_+-\theta_-}}\left(\frac{2\lambda}{\mu} - \theta_-\right)$ 两边取自然对数，有

$$\ln M^* = \frac{\theta_-}{\theta_+-\theta_-}\left[\ln(-\theta_-) - \ln\theta_+\right] + \ln\left(\frac{2\lambda}{\mu} - \theta_-\right)$$

$$= -\left(\frac{\mu}{2\sqrt{\mu^2 + 2\lambda\sigma^2}} + \frac{1}{2}\right)\ln\left(\frac{\mu + \sqrt{\mu^2 + 2\lambda\sigma^2}}{-\mu + \sqrt{\mu^2 + 2\lambda\sigma^2}}\right)$$

$$+ \ln(\mu + \sqrt{\mu^2 + 2\lambda\sigma^2}) + \frac{1}{2}\ln(\mu^2 + 2\lambda\sigma^2) - \ln\mu - \ln\sigma^2。 \tag{5.69}$$

接下来，求 M^* 关于 σ^2 的导数如下：

$$\frac{\partial \ln M^*}{\partial \sigma^2} = -\frac{\mu}{2}\cdot\left(-\frac{1}{2}\right)\cdot(\mu^2 + 2\lambda\sigma^2)^{-\frac{3}{2}}\cdot 2\lambda \cdot \ln\left(\frac{\mu + \sqrt{\mu^2 + 2\lambda\sigma^2}}{-\mu + \sqrt{\mu^2 + 2\lambda\sigma^2}}\right)$$

$$- \left(\frac{\mu}{2\sqrt{\mu^2 + 2\lambda\sigma^2}} + \frac{1}{2}\right)\cdot$$

$$\left[\frac{\lambda(\mu^2 + 2\lambda\sigma^2)^{-\frac{1}{2}}}{\mu + \sqrt{\mu^2 + 2\lambda\sigma^2}} - \frac{\lambda(\mu^2 + 2\lambda\sigma^2)^{-\frac{1}{2}}}{-\mu + \sqrt{\mu^2 + 2\lambda\sigma^2}}\right]$$

$$+ \frac{\lambda(\mu^2 + 2\lambda\sigma^2)^{-\frac{1}{2}}}{\mu + \sqrt{\mu^2 + 2\lambda\sigma^2}} + \frac{\lambda}{\mu^2 + 2\lambda\sigma^2} - \frac{1}{\sigma^2}$$

$$= \frac{\lambda\mu}{2}\cdot(\mu^2 + 2\lambda\sigma^2)^{-\frac{3}{2}}\cdot\ln\left(\frac{\mu + \sqrt{\mu^2 + 2\lambda\sigma^2}}{-\mu + \sqrt{\mu^2 + 2\lambda\sigma^2}}\right) > 0。 \tag{5.70}$$

因此，M^* 关于 σ^2 是一个单调递增的函数。在 $\sigma^2 \in (0, \infty)$ 中，我们取两个极限 $\sigma^2 \to 0$ 与 $\sigma^2 \to \infty$，得到了 M^* 的下确界与上确界。对于式（5.69），极限如下：

$$\lim_{\sigma^2 \to 0} \ln M^* = -\ln(2\mu) + \ln(2\mu) + \ln\mu - \ln\mu$$

$$+ \lim_{\sigma^2 \to 0} \ln\left(\frac{-\mu + \sqrt{\mu^2 + 2\lambda\sigma^2}}{\sigma^2}\right)$$

$$= \ln\frac{\lambda}{\mu}, \tag{5.71}$$

$$\lim_{\sigma^2 \to \infty} \ln M^* = -\ln\mu + \lim_{\sigma^2 \to \infty} \ln\left[\frac{(-\mu + \sqrt{\mu^2 + 2\lambda\sigma^2})\sqrt{\mu^2 + 2\lambda\sigma^2}}{\sigma^2}\right]$$

$$= \ln\frac{2\lambda}{\mu}。 \tag{5.72}$$

通过 M^* 的下确界为 $\dfrac{\lambda}{\mu}$ 与上确界为 $\dfrac{2\lambda}{\mu}$ ，可以得到 $\dfrac{\lambda}{\mu} < M^* < \dfrac{2\lambda}{\mu}$ 。

二、不同条件下的积分函数 $I(C)$

由 $H^C(x)$ 在 $[0, \infty)$ 上的凸性，有 $CH^C(0) \leqslant k$ ，即 $C \leqslant a^{1-\gamma} \cdot (k/\gamma)^\gamma$ ，与 $\widetilde{x}^C \vee 0 = 0$ 等价。通过函数 $H^C(x)$ 的定义，我们知道 $C > aX_0^{-\gamma}$ 。下面来比较 $aX_0^{-\gamma}$ 与 $a^{1-\gamma}(k/\gamma)^\gamma$ 的大小。

第一种情况：$aX_0^{-\gamma} < a^{1-\gamma}(k/\gamma)^\gamma$ 。

我们很容易严格证明出来，$aX_0^{-\gamma} < a^{1-\gamma}(k/\gamma)^\gamma$ 与 $k > \dfrac{2a\lambda}{\mu}$ 是等价的。另外，在 $C = a^{1-\gamma}(k/\gamma)^\gamma$ 处，通过式（5.59），有 $CH^C(0) = k$ 以及 $(CH^C)'(0) < 0$ 。与函数 $H^C(x)$ 的凸性结合，在区间 $(0, x_1^C)$ ，有 $x_1^C > 0$ 以及 $k - CH^C(x) > 0$ 。

引理 5.5 如果 $k > \dfrac{2a\lambda}{\mu}$ ，那么 $I_1(a^{1-\gamma}(k/\gamma)^\gamma) > 0$ 。因此，通过积分函数 $I_1(C)$ 的单调性，有 $I_2(aX_0^{-\gamma}a_1) = I_1(aX_0^{-\gamma}) > 0$ 。

通过上面的引理 5.5，我们知道 $aX_0^{-\gamma}$ 是积分函数 $I_1(C)$ 定义域的左端点。另外，当 $C \to \infty$ 时，有 $CH^C(x) \to \infty$。由于积分函数 $I_1(C)$ 在定义域上是连续的函数，所以存在 $C^* > a^{1-\gamma}(k/\gamma)^\gamma$ 使得 $I_1(C^*) = 0$。因此，$I_1(C)$ 的定义域为 $(aX_0^{-\gamma},\ C^*)$。更进一步，$I_2(C_1)$ 的定义域为 $(0,\ aX_0^{-\gamma}a_1]$。

命题 5.6　在 $k > \dfrac{2a\lambda}{\mu}$ 这个假设条件下，如果 $C \in (0,\ aX_0^{-\gamma}]$，则积分函数 $I_2(Ca_1) \in [I_2(aX_0^{-\gamma}a_1),\ \infty)$；如果 $C \in (aX_0^{-\gamma},\ C^*)$，则积分函数 $I_1(C) \in (0,\ I_2(aX_0^{-\gamma}a_1))$，其中 $C^* > a^{1-\gamma} \cdot (k/\gamma)^\gamma$。

因此，在 $aX_0^{-\gamma} < a^{1-\gamma}(k/\gamma)^\gamma$ 这个假设条件下，我们可以定义一个非常有用的积分函数 $I(C)$ 如下：

$$I(C) = \begin{cases} I_2(Ca_1), & C \in (0,\ aX_0^{-\gamma}], \\ I_1(C), & C \in (aX_0^{-\gamma},\ C^*), \end{cases} \tag{5.73}$$

其中，$C^* > a^{1-\gamma}(k/\gamma)^\gamma$。

更进一步，我们可以得到积分函数 $I(C)$ 在定义域上是一个严格单调递减的函数。因此，对于任意 $K \in (0,\ \infty)$，存在唯一的 $C \in (0,\ C^*)$ 使得 $I(C) = K$。

第二种情况：$aX_0^{-\gamma} \geqslant a^{1-\gamma}(k/\gamma)^\gamma$。

我们很容易严格证明出来，$aX_0^{-\gamma} \geqslant a^{1-\gamma}(k/\gamma)^\gamma$ 与 $k \leqslant \dfrac{2a\lambda}{\mu}$ 是等价的。另外，对于积分函数 $I_2(C_1)$，$H^{C_1}(0) \leqslant k$ 与 $C_1 \leqslant \dfrac{k-a\theta_-}{\theta_+ - \theta_-}$ 是等价的。通过式（5.38），很容易得到 $\dfrac{\theta_-^2(k-a\theta_+)}{\theta_+^2(k-a\theta_-)} > 1$ 与 $k > \dfrac{a\lambda}{\mu}$ 是等价的。当 $C_1 = \dfrac{k-a\theta_-}{\theta_+ - \theta_-}$ 时，在 $0 < x <$

$\dfrac{1}{\theta_+ - \theta_-} \ln\left(\dfrac{\theta_-^2 \ (k - a\theta_+)}{\theta_+^2 \ (k - a\theta_-)}\right)$ 上，有 $(H^{C_1})'(x) < 0$。通过与第一种情况类似的讨论方法，我们有如下一些结论。

引理 5.6 如果 $\dfrac{a\lambda}{\mu} < k \leqslant \dfrac{2a\lambda}{\mu}$，那么 $I_2\left(\dfrac{k - a\theta_-}{\theta_+ - \theta_-}\right) > 0$；如果 $k \leqslant \dfrac{a\lambda}{\mu}$，那么 $I_2\left(\dfrac{k - a\theta_-}{\theta_+ - \theta_-}\right) = 0$，并且对于任意的 $C_1 \in \left(0, \dfrac{k - a\theta_-}{\theta_+ - \theta_-}\right)$，有 $I_2(C_1) > 0$。

命题 5.7 在 $k \leqslant \dfrac{a\lambda}{\mu}$ 这个假设条件下，如果 $C \in (0, C^*)$，则 $I_2(Ca_1) \in (0, +\infty)$，其中 $C^* = \dfrac{k - a\theta_-}{a_1(\theta_+ - \theta_-)}$。在 $\dfrac{a\lambda}{\mu} < k \leqslant aM^*$ 这个假设条件下，如果 $C \in (0, C^*)$，则 $I_2(Ca_1) \in (0, +\infty)$，其中 $\dfrac{k - a\theta_-}{a_1(\theta_+ - \theta_-)} < C^* \leqslant aX_0^{-\gamma}$。在 $aM^* < k \leqslant \dfrac{2a\lambda}{\mu}$ 这个假设条件下，如果 $C \in (0, aX_0^{-\gamma}]$，则积分函数 $I_2(Ca_1) \in [I_2(aX_0^{-\gamma}a_1), \infty)$；如果 $C \in (aX_0^{-\gamma}, C^*)$，则积分函数 $I_1(C) \in (0, I_2(aX_0^{-\gamma}a_1))$，其中 $C^* > aX_0^{-\gamma}$。

因此，我们仍然可以定义一个类似于式（5.73）的积分函数 $I(C)$ 如下：

在 $k \leqslant \dfrac{a\lambda}{\mu}$ 这个假设条件下，我们定义积分函数 $I(C)$ 为：

$$I(C) = I_2(Ca_1), \quad C \in (0, C^*), \tag{5.74}$$

其中，$C^* = \dfrac{k - a\theta_-}{a_1(\theta_+ - \theta_-)}$。

在 $\dfrac{a\lambda}{\mu} < k \leqslant aM^*$ 这个假设条件下，我们定义积分函数 $I(C)$ 为：

$$I(C) = I_2(Ca_1), \quad C \in (0, C^*), \tag{5.75}$$

其中，$\dfrac{k - a\theta_-}{a_1(\theta_+ - \theta_-)} < C^* \leqslant aX_0^{-\gamma}$。

在 $aM^* < k \leqslant \dfrac{2a\lambda}{\mu}$ 这个假设条件下，我们定义积分函数 $I(C)$ 为：

$$I(C) = \begin{cases} I_2(Ca_1), & C \in (0, aX_0^{-\gamma}], \\ I_1(C), & C \in (aX_0^{-\gamma}, C^*), \end{cases} \tag{5.76}$$

其中，$C^* > aX_0^{-\gamma}$。

更进一步，可以得到积分函数 $I(C)$ 在定义域上是一个严格单调递减的函数。因此，对于任意 $K \in (0, \infty)$，存在唯一的 $C \in (0, C^*)$，使得 $I(C) = K$。

三、参数计算与数值实例

对于上述 $aX_0^{-\gamma} < a^{1-\gamma}(k/\gamma)^\gamma$ 与 $aX_0^{-\gamma} \geqslant a^{1-\gamma}(k/\gamma)^\gamma$ 两种不同的情况，我们可以采用类似的步骤来计算不固定的参数 C。更进一步，可以获得其他参数，比如 x_1^C，$x_1^{C_1}$，$\widetilde{x}^C$ 与 $\widetilde{x}^{C_1}$。我们分三步来计算参数 C。

第一步：比较 aM^* 与 k 的大小。

第二步：如果 $k > aM^*$，那么计算 $I_2(aX_0^{-\gamma}a_1)$ 的值，然后比较 $I_2(aX_0^{-\gamma}a_1)$ 与 K。如果 $I_2(aX_0^{-\gamma}a_1) > K$，则能够得到 $C \in (aX_0^{-\gamma}, \infty)$ 使得 $I_1(C) = K$；如果 $I_2(aX_0^{-\gamma}a_1) \leqslant K$，则能够得到 $C \in (0, aX_0^{-\gamma})$ 使得 $I_2(Ca_1) = K$。

第三步：如果 $k \leqslant aM^*$，那么比较 k 与 $\dfrac{a\lambda}{\mu}$ 并且来解 $I(C) = K$。

在实际问题中，$k \in (0, 1)$，但对于 a 的约束只有 $a > 0$。在下面的数值实例中，为了方便，我们固定参数 k，μ，λ 与 σ，仅仅选择不同数值的参数 a。固定的参数 k，μ，λ 与 σ 我们分别选择为：$\mu=0.12$，$\lambda=0.002$，$\sigma=1.6$，$k=0.13$。为了满足四种不同的条件，我们选择 $a=2$，4，6，8。图 5-1 中，在 a 取不同值的情况下画了积分函数 $I(C)$，并且各种形式的 $I_1(C)$ 与 $I_2(Ca_1)$ 在各自的定义域都被展现出来。另外，积分函数 $I(C)$ 的右端点 C^* 也在图中标注出来了。由图 5-1，同样可以看出积分函数 $I(C)$ 在定义域上是一个严格单调递减的函数。在图 5-1（a）中，$a=2$，满足 $k > \dfrac{2a\lambda}{\mu}$。令 $C_1^*/a_1 = aX_0^{-\gamma}$ 与 $C_0^* = a^{1-\gamma}(k/\gamma)^{\gamma}$，可以看到，积分函数 $I(C)$ 由两部分组成：函数 $I_2(Ca_1)$（当 $C \in (0, C_1^*/a_1]$）与函数 $I_1(C)$（当 $C \in (C_1^*/a_1, C^*)$），此时 $I_2(C_1^*) = 5.249\,4 > 0$，$I_1(C_0^*) = 3.540\,8 > 0$，这与引理 5.5 是一致的。在图 5-1（b）中，$a=4$，满足 $aM^* < k \leqslant \dfrac{2a\lambda}{\mu}$，并且 $C_0^* = aX_0^{-\gamma}$。由于 $\dfrac{k - a\theta_-}{a_1(\theta_+ - \theta_-)} = 1.393\,5$ 与 $C_0^* = 1.401\,8$ 非常接近，我们只在图中标注 C_0^*。事实上，当选择其他的参数（比如 k，μ，λ 与 σ）数值时，如果 $aM^* < k \leqslant \dfrac{2a\lambda}{\mu}$，那么也会出现 $\dfrac{k - a\theta_-}{a_1(\theta_+ - \theta_-)}$ 与 C_0^* 非常接近这个现象。图 5-1（b）表明 $I_2(C_0^* a_1) > 0$，这与引理 5.4 是对应的。在图 5-1（c）中，$a=6$，满足 $\dfrac{a\lambda}{\mu} < k \leqslant aM^*$，积分函数 $I(C)$ 只由函数 $I_2(Ca_1)$ 构成，并且 $I_2\left(\dfrac{k - a\theta_-}{\theta_+ - \theta_-}\right) = 0.163\,1 > 0$，这与引理 5.6 是对应的。由于 0.163 1 在 y 轴上非常小，所以它在图中并不明显。在图 5-1（d）中，$a=8$，满足 $k \leqslant \dfrac{a\lambda}{\mu}$。通过计算，可以得到

$\dfrac{k-a\theta_-}{a_1(\theta_+-\theta_-)}=2.4651$。另外，通过数值模拟，有 $C^*=2.4651$，所

以 $C^*=\dfrac{k-a\theta_-}{a_1(\theta_+-\theta_-)}$ 是成立的，这个结果与引理 5.6 是对应的。

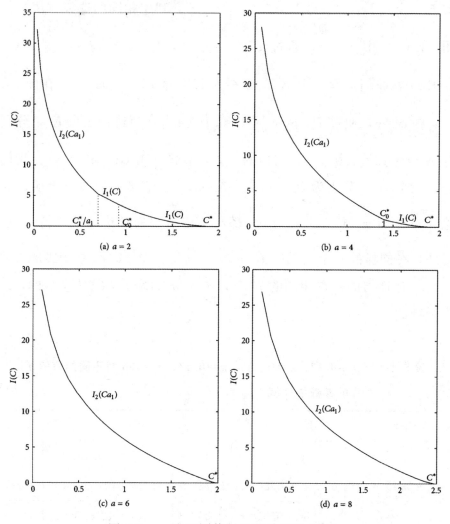

图 5-1　a 取不同值时的积分函数 $I(C)$

从表 5-1 第四行开始看，在 $\mu=0.12$，$\lambda=0.002$，$k=0.13$，

$\sigma=1.6$ 的条件下，根据不同的取值 $a(>0)$，选择了三种不同的

K，从 $I(C)=K$ 中计算出来了对应的参数 C，$\tilde{x} \vee 0$，$x_0 \vee 0$，x_1 的数值。在图5-1（a）中 $a=2$，通过 $I_2(C_1^*)=5.249\,4$ 与 $I_1(C_0^*)=3.540\,8$，我们选择三个 K，分别为 $K=0.15<I_1(C_0^*)$，$I_1(C_0^*)<K=4<I_2(C_1^*)$ 与 $K=8>I_2(C_1^*)$。利用相同的选择方法，在图5-1（b）中 $a=4$，通过 $I_2\left(\dfrac{k-a\theta_-}{\theta_+-\theta_-}\right)=1.066\,9$ 与 $I_2(C_0^*a_1)=1.015\,0$，我们选择三个 K，分别为 $K=0.15$，1.05，4。在图5-1（c）中 $a=6$，通过 $I_2\left(\dfrac{k-a\theta_-}{\theta_+-\theta_-}\right)=0.163\,1$，我们选择三个 K，分别为 $K=0.15$，1.05，4。同样的方式，在图5-1（d）中 $a=8$，我们选择三个 K，分别为 $K=0.15$，1.05，4。表5-1 的结果表明，无论 $\tilde{x} \vee 0$ 与 $x_0 \vee 0$ 是否为 0，都与5.4节中的理论结果保持一致。另外，在同样的 a 下，随着 K 的增大，C，$\tilde{x} \vee 0$，$x_0 \vee 0$ 都是递减的，x_1 是递增的。在相同的 K 下，随着 a 的增大，C 是递增的，x_1 是递减的。

表5-1　当 $\mu=0.12$，$\lambda=0.002$，$k=0.13$，$\sigma=1.6$ 时不同的取值 a 对应的参数估计值

条件	a	K	C	$\tilde{x} \vee 0$	$x_0 \vee 0$	x_1	$I(C)$
$k>\dfrac{2a\lambda}{\mu}$	0	0.15	1.574 8	15.982 0	12.467 5	49.957 1	$I_0(C)$
		4	0.867 1	5.723 9	12.467 5	91.961 5	$I_0(C)$
		8	0.519 6	2.382 7	12.467 5	127.430 5	$I_0(C)$

条件	a	K	C	$\tilde{x} \vee 0$	$x_0 \vee 0$	x_1	$I(C)$
$k > \dfrac{2a\lambda}{\mu}$	2	0.15	1.748 9	18.453 1	11.086 5	40.050 6	$I_1(C)$
		4	0.864 8	0	4.949 1	84.628 9	$I_1(C)$
		8	0.516 3	0	0	115.394 8	$I_2(Ca_1)$
$aM^* < k \leqslant \dfrac{2a\lambda}{\mu}$	4	0.15	1.749 0	12.518 6	5.148 2	34.105 2	$I_1(C)$
		1.05	1.396 2	0.181 5	0	46.287 5	$I_2(Ca_1)$
		4	1.005 5	0	0	69.267 6	$I_2(Ca_1)$
$\dfrac{a\lambda}{\mu} < k \leqslant aM^*$	6	0.15	1.932 5	0.464 5	0	22.048 1	$I_2(Ca_1)$
		1.05	1.740 9	0	0	31.734 1	$I_2(Ca_1)$
		4	1.255 0	0	0	54.205 3	$I_2(Ca_1)$
$k \leqslant \dfrac{a\lambda}{\mu}$	8	0.15	2.395 3	0	0	11.065 3	$I_2(Ca_1)$
		1.05	2.149 3	0	0	21.600 8	$I_2(Ca_1)$
		4	1.561 4	0	0	40.750 2	$I_2(Ca_1)$

第六节　最优值函数与最优策略

我们注意到，所有可能的结构来计算 C ，都是要通过 $I_1(C)$ 与 $I_2(Ca_1)$ 。进一步来说，这些结构的积分函数可以用来构造拟变分不等式 QVI 的解。接下来，首先证明所有构造的解都是 QVI 在不同条件下的解，然后给出一些对应的数值实例，最后我们提供并验证值函数与最优策略。

一、最优值函数

假设已经通过上一节中阐述的方式得到了参数 C 的值，使得 $I(C)=K$ ，并且其他参数（比如 x_1^C , $x_1^{C_1}$, $\tilde{x}^C \vee 0$ 与 $\tilde{x}^{C_1} \vee 0$ ）的数值同样也可以得到。为了方便，C , C_1 , x_1^C , $x_1^{C_1}$, $\tilde{x}^C \vee 0$ 与 $\tilde{x}^{C_1} \vee 0$ 所代表的含义与之前我们描述的一致。

对于使得积分函数 $I_1(C)=K$ 成立的参数 C ，我们定义一个分段函数 $T_1(x)$

$$T_1(x) = \begin{cases} CH^C(x), & x \in [0, x_1^C), \\ k, & x \in [x_1^C, \infty), \end{cases} \qquad (5.77)$$

那么 $C > aX_0^{-\gamma}$ ，并且 $T_1(x)$ 满足 $I_1(C)=K$ 。

定义函数 $v_1(x) = a + \int_0^x T_1(y)\mathrm{d}y$ ，那么

$$v_1(x) = \begin{cases} C\left[x + \left(\dfrac{a}{C}\right)^{\frac{1}{\gamma}}\right]^\gamma, & x \in [0, x_0), \\ Ca_1 e^{\theta_+(x-x_0)} + Ca_2 e^{\theta_-(x-x_0)}, & x \in [x_0, x_1^C), \\ v(x_1^C) + k(x - x_1^C), & x \in [x_1^C, \infty), \end{cases} \qquad (5.78)$$

其中，$x_0 = X_0 - \left(\dfrac{a}{C}\right)^{\frac{1}{\gamma}}$ 。

同样的方式，对于使得积分函数 $I_2(Ca_1)=K$ 成立的参数 C ，我们定义一个分段函数 $T_2(x)$ ：

$$T_1(x) = \begin{cases} H^{C_1}(x), & x \in [0, x_1^{C_1}), \\ k, & x \in [x_1^{C_1}, \infty), \end{cases} \qquad (5.79)$$

其中，$C_1 = Ca_1$ ，那么 $C \leqslant aX_0^{-\gamma}$ ，并且 $T_2(x)$ 满足 $I_2(C_1)=K$ 。

定义函数 $v_1(x) = a + \int_0^x T_2(y)\mathrm{d}y$ ，那么

$$v_2(x) = \begin{cases} C_1 e^{\theta_+ x} + (a - C_1) e^{\theta_- x}, & x \in [0,\ x_1^{C_1}), \\ v(x_1^{C_1}) + k(x - x_1^{C_1}), & x \in [x_1^{C_1},\ \infty)。 \end{cases} \qquad (5.80)$$

接下来，对于函数 $v_1(x)$ 与 $v_2(x)$，将 x_1^C 与 $x_1^{C_1}$ 都用符号 x_1 来表示，将 $\tilde{x}^C$ 与 $\tilde{x}^{C_1}$ 都用符号 $\tilde{x}$ 来表示。从函数 $v_1(x)$ 与 $v_2(x)$ 的构造来看，我们有下面的验证性定理。

定理 5.2　式（5.78）定义的函数 $v_1(x)$ 与式（5.80）定义的函数 $v_2(x)$ 在区间 $[0,\ \infty)$ 上是连续可微的，并且对于 $v_1(x)$ 与 $v_2(x)$，都存在 $U > 0$ 使得 $v_1(x)$ 与 $v_2(x)$ 在区间 $[0,\ U)$ 都是二次连续可微的。那么，式（5.78）定义的函数 $v_1(x)$ 与式（5.80）定义的函数 $v_2(x)$ 是 QVI-HJB 方程（5.35）的解。

证明：此定理的证明分为五步来验证，下面给出简单步骤。

第一步：验证函数 $v_1(x)$ 在区间 $[0,\ x_0 \vee 0]$ 上满足 $\max\limits_{u \in [0,\ 1]} L^u v(x) = 0$；

第二步：验证函数 $v_1(x)$ 与 $v_2(x)$ 在区间 $[x_0 \vee 0,\ x_1)$ 上满足 $\max\limits_{u \in [0,\ 1]} L^u v(x) = 0$；

第三步：验证函数 $v_1(x)$ 与 $v_2(x)$ 在区间 $[0,\ x_1)$ 上满足 $v(x) \geqslant Mv(x)$；

第四步：验证函数 $v_1(x)$ 与 $v_2(x)$ 在区间 $[x_1,\ \infty)$ 上满足 $v(x) = Mv(x)$；

第五步：验证函数 $v_1(x)$ 与 $v_2(x)$ 在区间 $[x_1,\ \infty)$ 上满足 $L^u v(x) \leqslant 0$。

通过以上五步，能够证明式（5.78）定义的函数 $v_1(x)$ 与式（5.80）定义的函数 $v_2(x)$ 都满足 QVI，因此 $v_1(x)$ 与 $v_2(x)$ 是 QVI 的解。

命题 5.8　关于公司是否破产，我们有以下三个结论：

（1）在假设条件 $k > \dfrac{2a\lambda}{\mu}$ 下，如果 $I_1(a^{1-\gamma}(k/\gamma)^\gamma) \leqslant K$，那么 $\widetilde{x} \vee 0 = 0$，此时最优策略是公司发生破产并进行清算分红；如果 $I_1(a^{1-\gamma}(k/\gamma)^\gamma) > K$，那么 $\widetilde{x} > 0$，此时最优策略是按照公司正常运营状态下的策略进行分红。

（2）在假设条件 $\dfrac{a\lambda}{\mu} < k \leqslant \dfrac{2a\lambda}{\mu}$ 下，如果 $I_2\left(\dfrac{k - a\theta_-}{\theta_+ - \theta_-}\right) \leqslant K$，那么 $\widetilde{x} \vee 0 = 0$，此时最优策略是公司发生破产并进行清算分红；如果 $I_2\left(\dfrac{k - a\theta_-}{\theta_+ - \theta_-}\right) > K$，那么 $\widetilde{x} > 0$，此时最优策略是按照公司正常运营状态下的策略进行分红。

（3）在假设条件 $k \leqslant \dfrac{a\lambda}{\mu}$ 下，$\widetilde{x} \vee 0 = 0$，此时最优策略是公司发生破产并进行清算分红。

二、数值实例

本节基于上一节中的数值实例，更进一步通过数值计算来验证我们前面证明的一些结论。

图 5-2 为 $a = 2$，$a = 4$，$a = 6$ 与 $a = 8$ 四种情况时函数 $v(x)$ 的图像。从图 5-2 中，我们可以看出，在相同的 a 的取值下，K 取大对应的 $v(x)$ 曲线在 K 取小对应的 $v(x)$ 曲线之下。这表明，如果固定交易费用变小，那么最优分红将变大，这个现象与现实生活是匹配的，很容易理解。另外，在固定的 x 条件下，$v(x)$ 随着 a 的增大而增大。

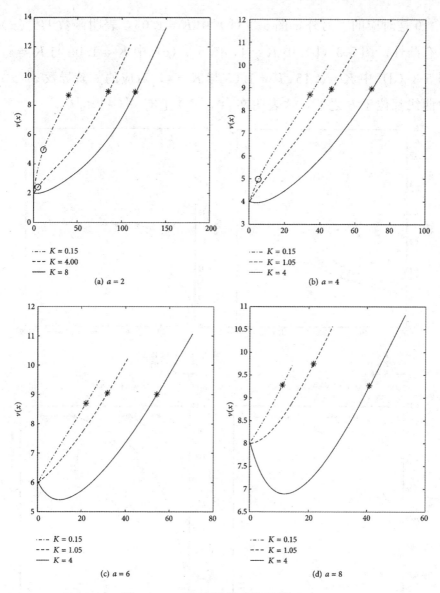

图 5-2　a 取不同值时的函数 $v(x)$

图 5-2 中对应的函数 $v(x)$ 的一阶导数 $v'(x)$ 在图 5-3 中被刻画出来。图 5-3（a）中 $K=0.15$、图 5-3（b）中 $K=0.15$ 与 $K=1.05$ 及图 5-3（c）中 $K=0.15$，都表明 $v'(0) > k$ ，这与命题 5.8 中的

$\widetilde{x} > 0$ 是对应的。另外，图 5-3（b）中 $K=1.05$，表明函数 $H^{C_1}(x)$ 具有凸性。图 5-3（b）中 $K=4$，图 5-3（c）中 $K=1.05$ 与 $K=4$，图 5-3（d）中 $K=0.15$，$K=1.05$ 与 $K=4$，对应的一阶导数 $v'(x)$ 的曲线都位于 k 之下，这表明在 $[0, x_1)$ 上有 $v'(x) \leqslant k$。

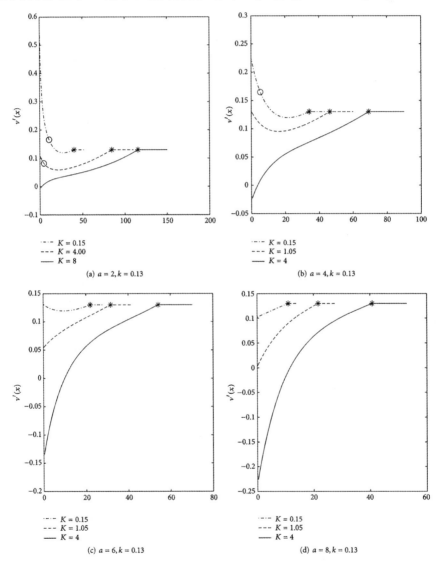

图 5-3　a 取不同值时的一阶导数 $v'(x)$

　　以上我们分析的都是 $a > 0$ 的情况，如果 $a = 0$，那么就是 Cadenillas 等（2006）的文章中讨论的情况。表 5-1 中的前三行代表 $a = 0$ 时各个参数的计算值。从表 5-1 中，可以发现，$a = 0$ 时得到的参数计算结果与 $a \neq 0$（其实是 $a > 0$）时的结果有很大的区别。一个非常重要的区别是，当 $a = 0$ 时，x_0 与 $\tilde{x}$ 始终大于 0，这将降低解的唯一性的证明难度。图 5-4 中，$a = 0$ 对应的函数 $v(x)$ 与一阶导函数 $v'(x)$ 被刻画出来。事实上，图 5-4（a）中的函数 $v(x)$ 是图 5-2 中当其他参数都确定下来时 $a \to 0$ 时的下极限。将图 5-4（b）与图 5-3 进行对比，我们发现，$a = 0$ 时的一阶导数 $v'(x)$ 比 $a \neq 0$ 时的

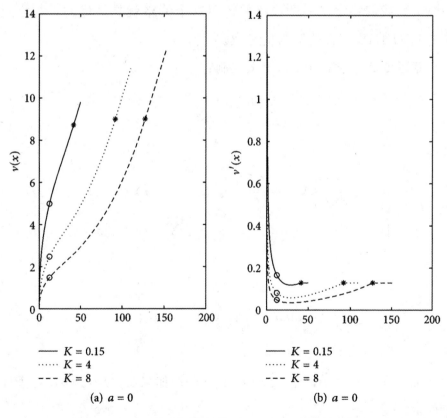

图 5-4　$a = 0$ 对应的函数 $v(x)$ 与一阶导数 $v'(x)$

$v'(x)$ 的图像简单很多，当 $a=0$ 时，$v'(x)$ 的图像只有凸的，而 $a \neq 0$ 时，$v'(x)$ 的图像既有凸的又有凹的，这与我们在本章中所讨论的复杂的积分函数 $I(C)$ 的特点是一致的。还有一个重要的区别就是，对于给定的 x，$a=0$ 时 $v(x)$ 的数值总是比 $a \neq 0$ 时的小，这就表明，当公司破产有残留资本时，$a=0$ 时的扩散模型低估了公司的价值，这也就是本章讨论 $a \neq 0$ 这种情况最重要的原因，也是对 Cadenillas 等（2006）的文章的进一步修正与完善。

三、最优策略

下面我们将定义一个策略并证明这个策略就是最优的，与之对应的 QVI-HJB 方程的解为值函数。

定理 5.3 令 $\tau_0 = 0$，定义控制：

$$\pi^* = (u^*, T^*) = (u; \tau_1^*, \tau_2^*, \cdots, \tau_i^*, \cdots; \xi_1^*, \xi_2^*, \cdots, \xi_i^*, \cdots), \tag{5.81}$$

其中，

$$u^*(t) = \begin{cases} \dfrac{\mu}{(1-\gamma)\sigma^2}\left[X^* + \left(\dfrac{a}{C}\right)^{1/\gamma}\right], & X^*(t) \in [0, x_0 \vee 0), \\ 1, & X^*(t) \in [x_0 \vee 0, \infty), \end{cases} \tag{5.82}$$

$$\tau^* = \inf\{t \geq 0: X^*(t) = 0\}, \tag{5.83}$$

$$\tau_1^* = \inf\{t \geq 0: X^*(t) = x_1\}, \tag{5.84}$$

$$\xi_1^* = x_1 - \tilde{x} \vee 0. \tag{5.85}$$

如果 $x_0 \vee 0 = 0$，令 $\tau_n^* = \infty$，$\xi_n^* = 0$；如果 $x_0 \vee 0 > 0$，对于任意的 $n \geq 2$，令

$$\tau_n^* = \inf\{t \geq \tau_{n-1}: X^*(t) = x_1\}, \tag{5.86}$$

$$\xi_n^* = x_1 - \tilde{x}, \tag{5.87}$$

其中，$X^*(t)$ 是如下随机微分方程的解：

$$X^*(t) = X^*(0) + \int_0^t \mu u^*(X^*(s)) \mathrm{d}s$$

$$+ \int_0^t \sigma u^*(X^*(s)) \mathrm{d}W_s - (x_1 - \tilde{x} \vee 0) \sum_{n=1}^{\infty} I_{\{\tau_n^* < t\}}, \tag{5.88}$$

那么控制 π^* 是由 (5.78) 中的函数 $v_1(x)$ 与 (5.80) 中的函数 $v_2(x)$ 定义的 QVI 随机控制，并且这个控制是最优的，对应的值函数为 $V(x) = v(x) = J(x, \pi^*)$。

证明：可以看到，式 (5.78) 定义的函数 $v_1(x)$ 与式 (5.80) 定义的函数 $v_2(x)$ 满足定理 5.5 中的所有条件。从定义 5.2 可知，由 (5.82) ～ (5.88) 定义的 π^* 是与控制 $v_1(x)$ 和 $v_2(x)$ 相对应的控制。另外，由定义 5.1，我们知道控制 π^* 是可允许策略。因此，由定理 5.2，有 $v_1(x)$ 与 $v_2(x)$ 是值函数并且 π^* 是最优策略。

第七节　本章小结

本章主要利用随机控制理论研究了公司破产情况下无注资的最优分红问题。由于考虑了固定的交易成本费用，此问题变成了一个脉冲控制问题。在本章，我们考虑了公司破产时流动资本为 0，但此时公司的固定资产价值不为 0 的问题，这使得我们研究的模型更具有现实意义，这在以往的研究中从来没有提到过，也是本书的重要创新点之一。在本章的扩散模型基于一定的假设前提下，我们找到了值函数所满足的拟变分不等式，研究了值函数的性质，并利用验证性定理确定了最优值函数与最优分红策略。本章的难点在于，由于区间端点的不固定导致的候选解的结果不确定，这个情况并没有在 Cadenillas 等（2006）的文章中提到。由于已知的区间没有固定的端点，端点依赖于一些未知的参数，这导致了解的结构并不明确。受候选解导数的启发，我们构建了积分函数 $I(C)$ 并且讨论了不同参数下的公司状态，给出了最优值函数以及与其对应的最优策略，并用数值实例验证了推导的部分命题与定理。

第六章　公司破产情况下带
分红边界最优策略

第一节　引言

在现实世界中，学者们目前主要用扩散模型来研究分红问题，公司的盈余过程包含了一个带漂移项与扩散项的布朗运动，其中漂移项表示公司的期望收益，扩散项表示公司的期望风险。通过应用扩散模型，很多学者都研究了具有实际意义的公司破产与分红问题。特别地，Cadenillas 等（2006）研究了带固定交易成本费用与比例税费的再保险扩散模型。本章基于 Cadenillas 等（2006）文章中介绍的带固定交易成本费用与比例税费的再保险扩散模型进行研究，并在该模型中引入 Barrie 分红策略。在 Barrie 分红策略下，公司的盈余水平达到 b（b 为一个正的常数）时，超出 b 的部分立即全部用来发放红利，直到盈余水平回到 b；如果公司的盈余水平达不到 b，则公司不进行分红。在本章，我们可以通过随机控制理论得到一个由 $v(x)$ 给出的值函数，并且得到一个基于 $v(x)$ 的最优策略。本章一些结论的证明与上一章是类似的，所以不再给出详细证明。

第二节　基于脉冲控制的带分红边界破产扩散模型

记 $(\Omega, F, \{F_t\}_{t \geqslant 0}, P)$ 为一个概率空间，是赋予了过滤

$\{F_t\}_{t \geqslant 0}$ 的完备过滤空间，F_t 表示到时刻 t 为止可以获得的所有信息，$W = \{W_t; t \geqslant 0\}$ 为该空间上的一维标准布朗运动。令非控公司的盈余过程 $\{X(t); t \geqslant 0\}$ 是一个扩散风险模型。扩散风险模型是经典风险模型的极限形式，可以表示成

$$X(t) = x + \mu t + \sigma W_t, \tag{6.1}$$

扩散风险模型的微分方程表示为

$$\mathrm{d}X(t) = \mu \mathrm{d}t + \sigma \mathrm{d}W_t, \tag{6.2}$$

其中，$x = X(0)$ 表示公司的初始盈余，$X(t)$ 表示公司在时刻 t 时的盈余，漂移项 μ 与扩散项 σ 都为常数，σ 被称为扩散变差参数。

对于一个保险公司来说，为了降低风险，保险公司可以通过与再保险公司签订协议引入再保险策略。本章将考虑比例再保险，我们可以让盈余过程中的漂移项 μ 与扩散项 σ 同时乘一个因子 $u(t) \in [0, 1]$，$1 - u(t)$ 就是再保险的比例。在 Barrie 分红策略下，公司的盈余水平达到 b（b 为一个正的常数）时，超出 b 的部分立即全部用来发放红利，直到盈余水平回到 b；如果公司的盈余水平达不到 b，则公司不进行分红。我们用 T_t 表示公司从 0 到 t 时刻的分红总和，那么分红过程 $\{T_t; t \geqslant 0\}$ 可以用递增的停时序列 $\{\tau_i; i = 1, 2, \cdots\}$ 与随机变量序列 $\{\xi_i; i = 1, 2, \cdots\}$ 来描述，其中 τ_i 表示公司第 i 次分红时刻，ξ_i 表示公司第 i 次分红大小。控制策略 π 可以用 u^π，T^π 两个随机过程来表示，它属于 Borel 集，是一个关于过滤 $\{F_t\}_{t \geqslant 0}$ 的适应过程。

当运用策略 π 时，受控后的公司盈余过程的微分方程变为

$$\mathrm{d}X^\pi(t) = \mu u^\pi(t)\mathrm{d}t + \sigma u^\pi(t)\mathrm{d}W_t - \mathrm{d}T_t^\pi. \tag{6.3}$$

初始条件为：$X^\pi(0) = x \geqslant 0$。

受控后公司的盈余过程的积分方程为

$$X(t) = x + \int_0^t \mu u(s)\,\mathrm{d}s + \int_0^t \sigma u(s)\,\mathrm{d}W_s - \sum_{n=1}^{\infty} I_{\{X(\tau_n^-)=b,\ \tau_n<t\}}\,\xi_n \, 。$$

$$(6.4)$$

在上述受控模型中，我们还考虑了交易费用，包括与分红大小有关的比例交易费用以及与分红大小无关的（如咨询费、手续费等）固定交易费用。我们用 K 表示公司分红的固定交易费用，用 $1-k$ 表示公司分红的税率，那么股东第 i 次获得的分红为 $k\xi_i - K$ 。由于带有固定交易费用，使得分红只能在离散的时刻发生，分红控制变为脉冲控制的分红问题。我们用 $\{\tau_i;\ i=1,\ 2,\ \cdots\}$ 表示脉冲分红时刻序列，用 ξ_i 表示对应时刻 τ_i 的脉冲值，那么控制策略 π 可以用随机过程 $\pi = (u^\pi,\ T^\pi) = (u^\pi;\ \tau_1^\pi,\ \tau_2^\pi,\ \cdots,\ \tau_i^\pi,\ \cdots;\ \xi_1^\pi,\ \xi_2^\pi,\ \cdots,\ \xi_i^\pi,\ \cdots)$ 来表示。

定义 6.1（可允许策略）   我们称策略：

$$\pi = (u^\pi,\ T^\pi) = (u;\ \tau_1^\pi,\ \tau_2^\pi,\ \cdots,\ \tau_i^\pi,\ \cdots;\ \xi_1^\pi,\ \xi_2^\pi,\ \cdots,\ \xi_i^\pi,\ \cdots)$$

$$(6.5)$$

为可允许控制的或者是可允许策略，如果满足：

（1）$0 \leqslant \tau_1 < \tau_2 < \cdots < \tau_n \cdots$ ；

（2）τ_n 是关于过滤 $\{F_t\}_{t\geqslant 0}$ 的停时，$n=1,\ 2,\ 3,\ \cdots$ ；

（3）随机变量 ξ_n 是 $F_{\tau_n^-}$ 可测的并且 $\dfrac{K}{k} \leqslant \xi_n \leqslant X_{\tau_n^-}^\pi$ ，$n=1,\ 2,\ 3,\ \cdots$ ；

（4）$u(t)$ 是关于过滤 $\{F_t\}_{t\geqslant 0}$ 的适应过程；

（5）对于任意的正数 t ，有 $P(\lim_{n\to\infty}\tau_n \leqslant t) = 0$ 。

将所有可允许策略的集合记作 $\Pi = \{\pi: \pi\ 为可允许策略\}$ ，Π 被称作容许控制集。

公司的破产时刻定义为

$$\tau = \inf\{t \geqslant 0 : X(t) \leqslant 0\} 。 \tag{6.6}$$

定义效用函数 ($g: [0, \infty) \rightarrow (-\infty, \infty)$):

$$g(\omega) = k\omega - K, \tag{6.7}$$

其中, $k \in (0, 1)$, $K \in (0, \infty)$, $1 - k$ 表示发生分红时的税率, K 表示每次分红时产生的固定交易费用, ω 表示从公司盈余过程中取出的量, $k\omega - K$ 表示实际得到的公司分红。

对于每一个可允许策略 π, 我们将受控系统的性能指标定义成

$$J(x, \pi) = E_x \Big[\sum_{n=1}^{\infty} e^{-\lambda \tau_n} g(\xi_n) I_{\{X(\tau_n^-)=b, \ \tau_n < \tau\}} \Big], \tag{6.8}$$

其中, $\lambda > 0$ 是折现因子。

我们的目标就是寻找到可允许策略中使得性能指标达到最大的那个策略 π^*, 定义值函数:

$$V(x) = \sup_{\pi \in \Pi} J(x, \pi) = \sup_{\pi \in \Pi} E_x \Big[\sum_{n=1}^{\infty} e^{-\lambda \tau_n} g(\xi_n) I_{\{X(\tau_n^-)=b, \ \tau_n < \tau\}} \Big] 。$$

$$\tag{6.9}$$

最优策略 π^* 使得值函数 $V(x) = J(x, \pi^*)$。

第三节　最优值函数的性质

下面将要得到值函数的一些性质, 并建立与受控过程相对应的拟变分不等式。

引理 6.1　对于任意 $x \in [0, \infty)$, 式 (6.9) 中的值函数 $V(x)$ 满足:

$$V(x) \leqslant k \Big(x + \frac{|\mu|}{\lambda} \Big) 。 \tag{6.10}$$

对于效用函数 (6.7) 中的 g, 函数 $\varphi: [0, \infty) \rightarrow \mathbf{R}$, 我们定义一个最优效用算子如下:

$$M\varphi(x) = \sup_{\omega}\{\varphi(x-\omega) + g(\omega): 0 < \omega \leqslant x\}。 \qquad (6.11)$$

假设对于任意的初始值 x 都存在一个最优策略，如果公司分红发生在时刻 0，分红量为 ω，那么公司的盈余水平就会从初始的 x 减少到 $x-\omega$。如果在初始分红之后的每一次都采用最优策略，那么在这个最优策略下的总的效用为 $k\omega - K + V(x-\omega)$。因此，在这样一个最优策略下，最大的期望效用将为 $MV(x)$。另一方面，对于每一个初始位置 x，如果存在一个最优策略使得其在整个区域都是最优的，那么在这个最优策略下的最大期望效用将为 $V(x)$，这个最优策略下的最大期望效用应该不小于其他任何策略下的最大期望效用。因此，有

$$V(x) \geqslant MV(x)。 \qquad (6.12)$$

我们定义一个算子 L^u 如下：

$$L^u v(x) = \frac{1}{2}\sigma^2 u^2 v''(x) + \mu u v'(x) - \lambda v(x)。 \qquad (6.13)$$

通过动态规划原理，能够得到在连续的区域上，值函数满足：

$$\max_{u \in [0,1]} L^u V(x) = 0。 \qquad (6.14)$$

定义 6.2　设函数 $v(x): [0, \infty) \to [0, \infty)$，如果对于任意的 $x \in [0, \infty)$ 与 $u \in [0, 1]$，有

$$(\text{QVI})\begin{cases} v(x) \geqslant Mv(x), \\ L^u v(x) \leqslant 0, \\ [v(x) - Mv(x)](\max_{u \in [0,1]} L^u v(x)) = 0, \\ v(0) = 0, \end{cases} \qquad (6.15)$$

那么称 $v(x)$ 是满足这个可控问题的拟变分不等式。

定义 6.3　我们称策略 $\pi^v = (u^v, T^v) = (u^v; \tau_1^v, \tau_2^v, \cdots, \tau_i^v, \cdots; \xi_1^v, \xi_2^v, \cdots, \xi_i^v, \cdots)$ 是 QVI 控制的可容许策略，如果脉

冲分红满足:

$$
\begin{cases}
P\{u^v(t) \neq \arg \max_{u \in [0,1]} L^u v(X_t^v), \ X_t^v \in C\} = 0; \\[2mm]
\tau_0^v = 0, \ \xi_0^v = 0; \\[2mm]
\tau_1^v = \inf\{t \geqslant 0: X^v(t) = b\}; \\[2mm]
\xi_1^v = \arg \sup_{0 < \eta \leqslant b} \{v(X^v(\tau_1^v) - \eta) + g(\eta)\};
\end{cases} \qquad (6.16)
$$

并且对于每一个 $n \geqslant 2$,有

$$
\begin{cases}
\tau_n^v = \inf\{t \geqslant \tau_{n-1}: X^v(t) = b\}; \\[2mm]
\xi_n^v = \arg \sup_{0 < \eta \leqslant b} \{v(X^v(\tau_n^v) - \eta) + g(\eta)\}; \\[2mm]
\tau^v = \inf\{t \geqslant 0: X^v(t) = 0\}。
\end{cases} \qquad (6.17)
$$

定理 6.1 令 $v(x)$ 在 $[0, \infty)$ 上是一阶连续可微的,并且 $v(x)$ 是拟变分不等式 QVI 的解。假设存在 $U > 0$ 使得 $v(x)$ 在 $[0, U)$ 上二阶连续可微,并且 $v(x)$ 在 $[U, \infty)$ 上是线性的,那么,对于任意的 $x \in [0, \infty)$,有 $V(x) \leqslant v(x)$。更进一步,如果与 $v(x)$ 有关的 QVI 控制的策略 $\{u^v, T^v, \xi^v, \tau^v\}$ 是可容许策略,那么 v 同样是最优值函数,并且与 $v(x)$ 有关的 QVI 控制的策略 $\{u^v, T^v, \xi^v, \tau^v\}$ 是最优策略。可以如下表示:

$$
V(x) = v(x) = J(x; u^v, T^v, \xi^v, \tau^v)。 \qquad (6.18)
$$

第四节 拟变分不等式的光滑解

在本节,利用 Cadenillas 等 (2006) 文章中边界为 0 条件下求拟变分不等式 QVI 的光滑解的思想方法,我们可以得到本章模型下拟变分不等式 QVI 的光滑解。

在区间 $[0, b)$ 上,通过 QVI 有

$$
\max_{u \in [0,1]} L^u v(x) = 0, \ 0 \leqslant x < b。 \qquad (6.19)
$$

令 $u(x) \in \mathbf{R}$，使得式（6.19）的左边达到最大，那么

$$u(x) = -\frac{\mu v'(x)}{\sigma^2 v''(x)}。 \tag{6.20}$$

将式（6.20）代入式（6.19），有

$$-\frac{\mu^2 [v'(x)]^2}{2\sigma^2 v''(x)} - \lambda v(x) = 0。 \tag{6.21}$$

边界条件 $v(0) = 0$ 时，式（6.21）的解为

$$v(x) = Cx^\gamma, \tag{6.22}$$

其中，C 是一个自由常数，$\gamma = \dfrac{\lambda}{\lambda + \dfrac{\mu^2}{2\sigma^2}}$。通过式（6.20）与式（6.22），有

$$u(x) = \frac{\mu x}{(1-\gamma)\sigma^2}。 \tag{6.23}$$

由于上面的函数 $u(x)$ 为递增的线性函数，$u(x) \leqslant 1$ 当且仅当 $x \leqslant x_0$，其中

$$x_0 = \frac{(1-\gamma)\sigma^2}{\mu}。 \tag{6.24}$$

因此，如果 $x_0 > 0$ 即 $x_0 \leqslant x < b$，则 $u(x) \geqslant 1$。又由于函数 $u(x)$ 的值域为 $[0, 1]$，那么对于 $x \in [x_0, b)$，有 $u(x) = 1$。此时，式（6.21）变为

$$\frac{1}{2}\sigma^2 v''(x) + \mu v'(x) - \lambda v(x) = 0, \quad x \in [x_0, b)。 \tag{6.25}$$

式（6.25）的解如下：

$$v(x) = C_1 e^{\theta_+(x-x_0)} + C_2 e^{\theta_-(x-x_0)}, \quad x \in [x_0, b), \tag{6.26}$$

其中，C_1 与 C_2 是自由常数，θ_+ 与 θ_- 如下：

$$\theta_+ = \frac{-\mu + \sqrt{\mu^2 + 2\lambda\sigma^2}}{\sigma^2}, \quad \theta_- = \frac{-\mu - \sqrt{\mu^2 + 2\lambda\sigma^2}}{\sigma^2}。 \tag{6.27}$$

由函数 $v(x)$ 的连续性以及 $v'(x)$ 在 x_0 处的值，很容易知道 C_1 $=Ca_1$ 与 $C_2=Ca_2$，其中 C 是一个自由常数，并且 a_1 与 a_2 如下：

$$a_1=\frac{\gamma x_0^{\gamma-1}-\theta_- x_0^{\gamma}}{\theta_+-\theta_-}, \quad a_2=\frac{\theta_+ x_0^{\gamma}-\gamma x_0^{\gamma-1}}{\theta_+-\theta_-}。 \tag{6.28}$$

可以证得 $a_1>0$ 并且 $a_2<0$。

在区间 $[b, \infty)$ 上，通过 QVI 有 $v(x)=Mv(x)$。从极限

$$\lim_{\eta\to 0}[v(x-\eta)+k\eta-K]=v(x)-K<v(x) \tag{6.29}$$

可以看出，对于 $v(x)=Mv(x)$ 来说，η 取不到 0。因此，存在 $\eta(x)$ $\in (0, x]$ 使得

$$v(x)=v(x-\eta(x))+k\eta(x)-K。 \tag{6.30}$$

令 $\tilde{x}=x-\eta(x)$，那么 $0\leqslant \tilde{x}<x$，并且

$$v(x)=v(\tilde{x})+k(x-\tilde{x})-K, \ x\in [b, \infty)。 \tag{6.31}$$

根据式（6.31），有

$$v'(x)=k, \ x\in [b, \infty)。 \tag{6.32}$$

因此，

$$v(x)=v(b)+k(x-b), \ x\in [b, \infty)。 \tag{6.33}$$

拟变分不等式 QVI 的解的结构如下：

$$v(x)=\begin{cases} Cx^{\gamma}, & x\in [0, x_0), \\ C_0 a_1 e^{\theta_+(x-x_0)}+C_0 a_2 e^{\theta_-(x-x_0)}, & x\in [x_0, b), \\ v(b)+k(x-b), & x\in [b, \infty)。 \end{cases} \tag{6.34}$$

第五节　不固定参数的唯一性

在上一节中得到的一些参数（比如 C，C_1，C_2）是不固定的数值，因此，这一节我们将定义有用的积分函数来讨论对应参数的唯

一性。

在时刻 τ_i 取 $x=b$ ，则有 $v(b)=Mv(b)$ ，即

$$v(b)=\max_{0<\eta<b}\{v(b-\eta)+k\eta-K\} \text{。} \tag{6.35}$$

如果存在一个 $\eta=\eta_0$ ，使得

$$v(b)=v(b-\eta_0)+k\eta_0-K ，0<\eta_0\leqslant b, \tag{6.36}$$

那么

$$v(b)-v(b-\eta_0)=\int_{b-\eta_0}^{b}v'(x)\mathrm{d}x=k\eta_0-K ，0<\eta_0\leqslant b \text{。}$$

$$\tag{6.37}$$

令 $v'(x)=CH(x)$ ，其中

$$H(x)=\begin{cases}\gamma x^{\gamma-1}, & x\in[0,\ x_0), \\ a_1\theta_+\ \mathrm{e}^{\theta_+(x-x_0)}+a_2\theta_-\ \mathrm{e}^{\theta_-(x-x_0)}, & x\in[x_0,\ \infty) \text{。}\end{cases} \tag{6.38}$$

定义积分函数：

$$I(C)=\int_{b-\eta_0}^{b}[k-CH(x)]\mathrm{d}x ，0<\eta_0\leqslant b \text{。} \tag{6.39}$$

类似于上一章的证明，不难得到，如果 $\dfrac{K}{k}<b$ ，那么 η_0 是存在的并且此时的参数可以唯一确定下来。

第六节　最优值函数与最优策略

我们注意到，所有可能的结构来计算 C ，都是要通过 $I(C)$ ，进一步来说，这些结构的积分函数可以用来构造拟变分不等式 QVI 的解。接下来，我们给出 QVI 的解并提供最优策略。

对于使得积分函数 $I(C)=K$ 成立的参数 C ，定义一个分段函数 $T(x)$ ：

$$T(x) = \begin{cases} CH(x), & x \in [0, b), \\ k, & x \in [b, \infty)。 \end{cases} \tag{6.40}$$

定义函数 $v(x) = \int_0^x T(y) \mathrm{d}y$ ，那么

$$v(x) = \begin{cases} Cx^\gamma, & x \in [0, x_0), \\ Ca_1 \mathrm{e}^{\theta_+(x-x_0)} + Ca_2 \mathrm{e}^{\theta_-(x-x_0)}, & x \in [x_0, b), \\ v(b) + k(x-b), & x \in [b, \infty)。 \end{cases} \tag{6.41}$$

定理 6.2 式（6.41）定义的函数 $v(x)$ 在区间 $[0, \infty)$ 上是连续可微的并且在区间 $[0, b) \bigcup (b, \infty)$ 上是二次连续可微的。那么，式（6.41）定义的函数 $v(x)$ 是 QVI-HJB 方程（6.15）的解。

下面我们将定义一个策略并证明这个策略就是最优的，与之对应的 QVI-HJB 方程的解为值函数。

定理 6.3 令 $\tau_0 = 0$，定义控制：

$$\pi^* = (u^*, T^*)$$
$$= (u; \tau_1^*, \tau_2^*, \cdots, \tau_i^*, \cdots; \xi_1^*, \xi_2^*, \cdots, \xi_i^*, \cdots), \tag{6.42}$$

其中，

$$u^*(t) = \begin{cases} \dfrac{\mu}{(1-\gamma)\sigma^2} X^*, & X^*(t) \in [0, x_0), \\ 1, & X^*(t) \in [x_0, \infty), \end{cases} \tag{6.43}$$

$$\xi_0 = 0, \tag{6.44}$$

$$\tau_1^* = \inf\{t \geqslant 0 : X^*(t) = b\}, \tag{6.45}$$

$$\xi_1^* = \eta_0。 \tag{6.46}$$

对于任意的 $n \geqslant 2$，有

$$\tau_n^* = \inf\{t \geqslant \tau_{n-1} : X^*(t) = b\}, \tag{6.47}$$

$$\xi_n^* = \eta_0, \tag{6.48}$$

$$\tau^* = \inf\{t \geqslant 0 : X^*(t) = 0\},\tag{6.49}$$

其中，$X^*(t)$ 是如下随机微分方程的解：

$$X^*(t) = X^*(0) + \int_0^t \mu u^*(X^*(s))\mathrm{d}s$$

$$+ \int_0^t \sigma u^*(X^*(s))\mathrm{d}W_s - \eta_0 \sum_{n=1}^{\infty} I_{\{X(\tau_n^* -)=b,\ \tau_n^* < t\}},$$

$$\tag{6.50}$$

那么控制 π^* 是由（6.41）定义的函数 $v(x)$ 的 QVI 随机控制，并且这个控制是最优的，对应的值函数为 $V(x) = v(x) = J(x, \pi^*)$。

第七节　本章小结

本章中，我们在 Cadenillas 等（2006）的文章中介绍的带固定交易成本费用与比例税费的再保险扩散模型中加入了分红边界 b。由于考虑了固定的交易成本费用，此问题变成了一个脉冲控制问题。我们将这个控制问题转变为一个拟变分不等式，通过分析与讨论值函数的性质、拟变分不等式的解以及参数的唯一性，最后找到了对应的最优策略。

第七章　总　结

本书研究了公司破产与分红问题，其中第三章与第四章分别讨论了某种分红策略下的公司破产模型及其精算量，这些精算量的积分-微分方程或者表达式，可以为公司决策者提供一个定量指标作为参考，使得公司的分红达到最大并且公司的破产概率达到最小；第五章与第六章分别讨论了公司破产情况下是否有注资的最优分红策略，利用随机控制理论建立值函数满足的 HJB 方程，然后分析该方程是否有光滑解，最后运用验证性定理来说明这个解就是所求的最优值函数并且对应的策略就是最优策略。

第一节　不足与局限性

第五章与第六章所建立的模型与现实世界还存在着很多差距，比如没有考虑风险资产的投资、没有考虑再保险人的利益、没有考虑理赔过程中的相依性，等等。第五章与第六章所建立的模型都是为了构造 HJB 方程，构造的解也必须满足验证性定理所要求的条件，这使得模型只能局限于马尔可夫过程。从数学角度来看，这些带有限制的最优问题处理起来有一定的难度，我们需要引进新的方法和技巧。目前常用的方法是粘性解理论。要解决这方面的工作，可以通过提供更接近现实世界的指导策略，也可以通过促进新的数学理论的产生与发展。虽然随机控制理论解决了一部分最优问题，但同时也要看到随机控制理论解决实际公司破产与分红问题的局限性。

第二节　下一步研究的方向

本书在现有工作基础上进一步推广相关结果，所用的理论是最优随机控制理论。虽然风险理论中的数学模型非常多，但本书选取了具有代表性的模型来讨论。公司的破产与分红问题是学术界研究的热点问题，从经典风险模型出发，推广出一系列更加复杂的模型，目的是使得所研究的问题更加符合实际。公司也希望找到与其相符合的数学模型，对自己公司的资金流动情况进行建模，将建模得到的结果作为公司决策分析的重要指标。目前，研究比较完善的是具有平稳独立增量的风险模型。本书未来可以进一步研究的问题如下：

（1）第三章中，求解理赔服从各种分布时模型中各个精算量的具体表达式，可以作为下一步研究的方向。

（2）为了研究方便，第五章与第六章中盈余过程风险模型中的漂移项 μ 与扩散项 σ 都设定为常数。在现实世界中，公司的资产变动与公司的资产盈余水平是有密切关系的，因此将漂移项设定为 $\mu(X(t))$ 以及将扩散项设定为 $\sigma(X(t))$ 更为合理，即公司规模越大，单位时间的期望收益越大，同时面临的风险也越大。这种收益、风险与规模之间的相关性，会影响到公司的控制决策，研究起来会更加复杂，可以作为下一步研究的方向。

（3）第五章与第六章只考虑了比例再保险，可以将非比例再保险作为下一步研究的方向。

（4）本书模型中没有考虑资金的投资与借贷，然而通过资金的有偿运营可以创造最大的投资收益，这可以作为下一步研究的方向。

参考文献

AKYLIDIRIM E et al.,2014.Optimal dividend policy with random interest rates [J]. Journal of Mathematical Economics, 51:93-101.

ALBRECHER H,HIPP C,2007.Lundberg's risk process with tax[J].Blätter der DGVFM,28(1):13-28.

ALBRECHER H,KAINHOFER R,2002.Risk theory with a nonlinear dividend barrier[J].Computing,68(4):289-311.

ALBRECHER H, THONAUSER S, 2008. Optimal dividend strategies for a risk process under force of interest[J].Insurance:Mathematics and Economics,43(1):34-149.

ALBRECHER H,HARTINGER J,TICHY R,2005.On the distribution of dividend payments and the discounted penalty function in a risk model with linear dividend barrier[J].Scandinavian Actuarial Journal,2:103-126.

ASMUSSEN S, HØJGAARD J, TAKSAR M, 2000. Optimal risk control and dividend distribution policies[J].Example of excess-of loss reinsurance for an insurance corporation.Finance and Stochastics,4(3):299-324.

ASMUSSEN S,TAKSAR M,1997.Controlled diffusion models for optimal dividend pay-out[J].Insurance:Mathematics and Economics,20(1):1-15.

AVANZI B,2009.Strategies for dividend distribution:A review [J].North American Actuarial Journal,13(2):217-251.

AVANZI B,SHIU E,2007.Optimal dividends in the dual model [J].Insurance:Mathematics and Economics,41(1):111-123.

AVANZI B, SHEN J, WONG B,2011.Optimal dividends and capital injections in the dual model with diffusion[J].Astin Bulletin, 41(02):611-644.

AVANZI B, TU V, WONG B,2014. On optimal periodic dividend strategies in the dual model with diffusion[J].Insurance: Mathematics and Economics,55:210-224.

AVANZI B,WONG B,2012.On a mean reverting dividend strategy with Brownian motion [J]. Insurance: Mathematics and Economics,51(2):229-238.

BAI L,GUO J,2010.Optimal dividend payments in the classical risk model when payments are subject to both transaction costs and taxes[J].Scandinavian Actuarial Journal,1:36-55.

BELHAJ M,2010.Optimal Dividend Payments When Cash Reserves Follow A Jump - Diffusion Process [J]. Mathematical Finance,20(2):313-325.

BENSOUSSAN A, LIONS J, 1984. Impulse control and quasi-variational inequalities[J]. Mathematics.

BØJGARRD B, TAKSAR M, 1998. Optimal proportional reinsurance policies for diffusion models with transaction costs[J]. Insurance Mathematics and Economics, 1(22): 41-51.

CADENILLAS A et al., 2006. Classical and impulse stochastic control for the optimization of the dividend and risk policies of an insurance firm[J]. Mathematical Finance, 16(1): 181-202.

CADENILLAS A, SARKAR S, ZAPATERO F, 2007. Optimal Dividend Policy With Mean - Reverting Cash Reservoir[J]. Mathematical Finance, 17(1): 81-109.

CAI J, DICKSON D, 2002. On the expected discounted penalty function at ruin of a surplus process with interest [J]. Insurance: Mathematics and Economics, 30(3): 389-404.

CAI J, Gerber H, YANG H, 2006. Optimal dividends in an Ornstein-Uhlenbeck type model with credit and debit interest[J]. North American Actuarial Journal, 10(2): 94-108.

CASTAÑER A, CLARAMUNT M, 2012. Ruin probability and time of ruin with a proportional reinsurance threshold strategy[J]. Top, 20(3): 614-638.

CHOULLI T, TAKSAR M, ZHOU X, 2003. A diffusion model for optimal dividend distribution for a company with constraints on risk control[J].SIAM Journal on Control and Optimization,41(6): 1946-1979.

COSTA O,RAYMUNDO M,2000.Optimal stopping with continuous control of piecewise deterministic Markov processes[J].Stochastics: An International Journal of Probability and Stochastic Processes,70(1-2):41-73.

DICKSON C,1992.On the distribution of the surplus prior to ruin[J].Insurance:Mathematics and Economics,11(3):191-207.

DICKSON C,WATERS H,2004.Some optimal dividends problems.Astin Bulletin,34(01):49-74.

EISENBERG J.SCHMIDLI H,2009.Optimal control of capital injections by reinsurance in a diffusion approximation[J].Blätter der DGVFM,30(1):1-13.

EISENBERG J,SCHMIDLI H,2011.Optimal control of capital injections by reinsurance with a constant rate of interest[J].Journal of Applied Probability,48(03):733-748.

FANG Y,WU R,2007.Optimal dividend strategy in the compound Poisson model with constant interest[J].Stochastic models,23 (1):149-166.

GAO S,Liu Z,2010. The perturbed compound Poisson risk model with constant interest and a threshold dividend strategy[J]. Journal of Computational and Applied Mathematics, 233 (9):

2181-2188.

GERBER U,1972.Games of economic survival with discrete-and continuous-income processes[J].Operations research,20(1):37-45.

GERBER U, 1973. Martingales in risk theory [J]. Mitt. Ver. Schweiz.Vers.Math,73:205-216.

GERBER U, GOOVAERT M, KASS R, 1987. On the probability and severity of ruin[J].Astin Bulletin,17(02):151-163.

GERBER U,LANDRY R,1998.On the discounted penalty at ruin in a jump-diffusion and the perpetual put option[J].Insurance: Mathematics and Economics,22(3):263-276.

GERBER U,SHIU E,1998.On the time value of ruin.North American Actuarial Journal,2(1):48-72.

GERBER U, SHIU E, 2004. Optimal dividends: analysis with Brownian motion[J].North American Actuarial Journal,8(1):1-20.

GERBER U, SHIU E, 2006. On optimal dividend strategies in the compound Poisson model[J].North American Actuarial Journal, 10(2):76-93.

GERBER U, SHIU E, SMITH N, 2006. Maximizing dividends without bankruptcy.Astin Bulletin,36(01):5-23.

GERBER U,SHIU E,SMITH N,2008.Methods for estimating the optimal dividend barrier and the probability of ruin[J].Insurance: Mathematics and Economics,42(1):243-254.

GERBER U, SMITH N, 2008. Optimal dividends with incomplete information in the dual model[J].Insurance:Mathematics and Economics,43(2):227-233.

GIHMAN I,SKOROHOD R,1979.Stochastic differential equations[M]. The Theory of Stochastic Processes III,Springer:113-219.

HØJGAARD B,TAKSAR M,2004.Optimal dynamic portfolio selection for a corporation with controllable risk and dividend distribution policy[J].Quantitative Finance,4(3):315-327.

HE L,LIANG Z,2009.Optimal financing and dividend control of the insurance company with fixed and proportional transaction costs [J].Insurance:Mathematics and Economics,44(1):88-94.

HIPP C, 2003. Optimal dividend payment under a ruin constraint:discrete time and state space[J].Blätter der DGVFM,26 (2):255-264.

HØJGAARD B,TAKSAR M,2001.Optimal risk control for a large corporation in the presence of returns on investments[J]. Finance and Stochastics,5(4):527-547.

HUBALEK F,SCHACHERMAYER M,2004.Optimizing expected utility of dividend payments for a Brownian risk process and a peculiar nonlinear ODE[J].Insurance:Mathematics and Economics, 34(2):193-225.

IKEDA N, WATANABE A, 2014. Stochastic differential

equations and diffusion processes,24.

JEANBLANC-PICQUÉ M, SHIRYAEV A, 1995. Optimization of the flow of dividends [J]. Russian Mathematical Surveys, 50 (2):257.

JENSEN C, 1986. Agency costs of free cash flow, corporate finance, and takeovers [J]. The American economic review, 76 (2): 323-329.

KARARZAS I, SHREVE, 2012. Brownian motion and stochastic calculus[J]. Springer Science & Business Media, vol 113.

KORN R, 1997. Optimal impulse control when control actions have random consequences[J]. Mathematics of Operations Research, 22(3):639-667.

KULENKO N, SCHMIDLI H, 2008. Optimal dividend strategies in a Cramér - Lundberg model with capital injections[J]. Insurance: Mathematics and Economics, 43(2):270-278.

LANDRIAULT D, 2008. Constant dividend barrier in a risk model with interclaim-dependent claim sizes [J]. Insurance: Mathematics and Economics, 42(1):31-38.

LEE C et al., 2015. Optimal payout ratio under uncertainty and the flexibility hypothesis: Theory and empirical evidence [M]. Handbook of Financial Econometrics and Statistics, Springer, 2135-2176.

LIN S, PAVLOVA K, 2006. The compound Poisson risk model

with a threshold dividend strategy[J].Insurance:Mathematics and E-conomics,38(1):57-80.

LIN S,WILLMOT E,DREKIC S,2003.The classical risk model with a constant dividend barrier:analysis of the Gerber － Shiu discounted penalty function [J]. Insurance: Mathematics and Economics,33(3):551-566.

LOEFFEN R,2009.An optimal dividends problem with a terminal value for spectrally negative Lévy processes with a completely monotone jump density[J].Journal of Applied Probability,46(01):85-98.

LØKKA A,ZERVOS M,2008.Optimal dividend and issuance of equity policies in the presence of proportional costs[J].Insurance:Mathematics and Economics,42(3):954-961.

MILLER H,MODIGLIANI F,1961.Dividend policy,growth,and the valuation of shares[J].the Journal of Business,34(4):411-433.

MILLER H,ROCK K,1985.Dividend policy under asymmetric information[J].The Journal of finance,40(4):1031-1051.

NG C,2009.On a dual model with a dividend threshold[J].Insurance:Mathematics and Economics,44(2):315-324.

PAULSEN J,2003.Optimal dividend payouts for diffusions with solvency constraints[J].Finance and Stochastics,7(4):457-473.

PAULSEN J,2007.Optimal dividend payments until ruin of diffusion processes when payments are subject to both fixed and proportional costs[J].Advances in Applied Probability,39(03):669-689.

PAULSEN J, 2008. Optimal dividend payments and reinvestments of diffusion processes with both fixed and proportional costs[J]. SIAM Journal on Control and Optimization, 47(5): 2201-2226.

PAULSEN J, GJESSING H, 1997. Optimal choice of dividend barriers for a risk process with stochastic return on investments[J]. Insurance:Mathematics and Economics,20(3):215-223.

PHAM H,2009.Continuous-time stochastic control and optimization with financial applications[M]. Vol. 61. Springer Science & Business Media.

RADNER R,SHEPP L,1996.Risk vs.profit potential:A model for corporate strategy[J].Journal of economic dynamics and Control, 20(8):1373-1393.

ROLSKI T et al.,2009.Stochastic.processes for insurance and finance[M].John Wiley & Sons.

SCHEER N,SCHMIDLI H,2011.Optimal dividend strategies in a Cramer – Lundberg model with capital injections and administration costs[J].European Actuarial Journal,1(1):57-92.

SCHMIDLI H, 2004. On Cramer-Lundberg approximations for

ruin probabilities under optimal excess of loss reinsurance[M].Laboratory of Actuarial Mathematics.

SCHMIDLI H,2008.Optimal Dividend strategies in a Cramer-Lundberg model with capital injections[J].Insurance: Mathematics and Economics,43(2):270-280.

SETHI S,DERZKO N,LEHOCZKY J,1984.General Solution of the Stochastic Price-Dividend Integral Equation:A Theory of Financial Valuation[J].SIAM Journal on Mathematical Analysis,5(6):1100-1113.

SETHI S,TAKSAR M,1992.Infinite-horizon investment consumption model with a nonterminal bankruptcy[J].Journal of optimization theory and applications,74(2):333-346.

SETHI S,TAKSAR M,2002.Optimal financing of a corporation subject to random returns[M].Proceedings of the 41st IEEE Conference on Decision and Control:10-13.

SHREVE E,2004.Stochastic calculus for finance II:Continuous-time models[M].Springer New York.

SOTOMAYOR,L,CADENILLAS A,2011.Classical and singular stochastic control for the optimal dividend policy when there is regime switching[J].Insurance: Mathematics and Economics,48(3):344-354.

TAKSAR I,2000.Optimal risk and dividend distribution control models for an insurance company[J].Mathematical methods of operations research,51(1):1-42.

TAKSAR I,Zhou X,1998.Optimal risk and dividend control for a company with a debt liability[J].Insurance:Mathematics and Economics,22(1):105-122.

WAN N,2007.Dividend payments with a threshold strategy in the compound Poisson risk model perturbed by diffusion[J].Insurance:Mathematics and Economics,40(3):509-523.

WANG C,Yin C,2009.Dividend payments in the classical risk model under absolute ruin with debit interest[J].Applied stochastic models in business and Industry,25(3):247-262.

WEI J,YANG H,WANG R,2011.Optimal threshold dividend strategies under the compound Poisson model with regime switching [M].in Stochastic Analysis with Financial Applications,Springer:413-429.

WILLMOT E, DICKSON D, 2003. The Gerber － Shiu discounted penalty function in the stationary renewal risk model[J]. Insurance:Mathematics and Economics,32(3):403-411.

YAO D,WANG R,XU L,2014.Optimal dividend and capital injection strategy with fixed costs and restricted dividend rate for a dual model[J].Journal of Industrial and Management Optimization,10(4):1235-1259.

YAO D，WANG R，HUANG Y，2010. Optimal financing and dividend strategies in a dual model with proportional costs［J］. Journal of Industrial and Management Optimization，6(4)：761-777.

YIN C，WEN Y，2013.Optimal dividend problem with a terminal value for spectrally positive Lévy processes ［J］. Insurance：Mathematics and Economics，53(3)：769-773.

YUEN K，WANG G，LI W K，2007. The Gerber‐Shiu expected discounted penalty function for risk processes with interest and a constant dividend barrier［J］.Insurance：Mathematics and Economics，40(1)：104-112.

ZHOU X，2005. On a classical risk model with a constant dividend barrier［J］.North American Actuarial Journal，9(4)：95-108.

白燕飞,陈旭,2016,BMAP 模型中最优分红和注资问题[J].湖南师范大学自然科学学报,(03):62-68.

柏立华,2009.随机控制理论在金融和保险中的应用[D].天津:南开大学.

常洪昌,2009.经典模型下分红问题解的讨论[D].曲阜:曲阜师范大学.

陈峥,2013.经典风险过程和对偶模型中的投资问题[D].长沙:中南大学.

成世学,2002.破产论研究综述[J].数学进展,(05):403-422.

程宗毛,1999.破产时刻罚金折现期望值[J].应用概率统计,

（03）：225-233.

董华,2012.几类风险模型的研究[D].长沙：中南大学.

董继国,2014.逐段决定复合泊松风险模型的最优控制问题[D].石家庄：河北师范大学.

高珊,刘再明,2011.具有常红利边界和延迟索赔的一类离散更新风险模型[J].数学学报,（06）：973-982.

郭尚来,1999.随机控制[M].北京：清华大学出版社.

韩雷,2013.破产概率更新方程的新推导方法[J].重庆工商大学学报（自然科学版）,（07）：24-27＋56.

何声武,汪嘉冈,严加,1995.半鞅与随机分析[M].北京：科学出版社.

侯萍,2009.偿付能力限制下的保险公司最优控制策略问题[D].北京：清华大学.

侯英丽,2014.保险与金融中 CEV 模型的最优化问题[D].石家庄：河北师范大学.

姜娜,2014.金融保险中的脉冲控制模型及其特征分析[D].青岛：中国石油大学.

康玉金,2011.两类风险模型的最优投资和再保险策略[D].长沙：中南大学.

孔祥立,2009.带干扰风险模型的破产问题研究[D].曲阜：曲阜师范大学.

乐胜杰,2013.关于分红策略下的离散风险模型的研究[D].长沙：

湖南师范大学.

李丽丽,2008.关于两类公司的红利分配与破产问题的研究[D].大连:大连理工大学.

李启才,2015.复杂金融模型下的保险公司最优再保险和投资策略研究[D].上海:上海交通大学.

李尚友,张春生,吴荣,2003.常利率环境下带干扰风险模型的破产估计[J].应用概率统计,(01):79-84.

李训经,雍炯敏,周渊,2002.控制理论基础[M].北京:高等教育出版社.

李岩,刘国欣,2010.经典风险模型分红控制过程的最优停止问题[J].应用数学学报,(06):1123-1132.

李岩,2009.经典风险模型中最优分红与注资及最优再保险策略的研究[D].长沙:中南大学.

刘东海,2012.分红策略下风险模型的研究[D].长沙:中南大学.

刘风云,2013.对偶风险模型中若干问题的研究[D].长沙:湖南师范大学.

刘莉,朱利平,2006.常利率风险模型中破产时刻、破产前瞬时盈余和破产赤字的矩[J].应用概率统计,(04):410-418.

刘伟,2010.保险风险模型的最优控制问题研究[D].武汉:武汉大学,2010.

刘伟强,2016.随机利率条件下复合泊松风险模型注资分红策略的研究[D].上海:华东师范大学.

刘晓,2015.精算模型中征税和分红问题研究[D].杭州:浙江工商大学.

马建静,2008.常利率古典风险模型下的一个积分微分方程[J].曲阜师范大学学报(自然科学版),(02):27-29.

彭丹,侯振挺,刘再明,2011.随机利率下相依索赔的离散风险模型的分红问题[J].应用数学学报,(06):1056-1067.

上官修凤,2010.带干扰的常利率古典风险模型的分红问题[D].曲阜:曲阜师范大学.

石素芹,2010.带注资的经典风险模型的效用函数最优分红问题[D].石家庄:河北工业大学.

孙肖斌,2016.带扩散的对偶模型的最优分红与注资[D].曲阜:曲阜师范大学.

孙映霞,2009.几类再保险风险模型的研究[D].长沙:中南大学.

万凝,2007.红利分配和信用风险问题研究[D].上海:同济大学.

汪荣明,程宗毛,王静龙,2001.破产时刻罚金折现期望值的更新方程及应用[J].华东师范大学学报(自然科学版),(03):25-32.

王广华,吕玉华,王洪波,2008.常利率古典风险模型的按比例分红问题[J].工程数学学报,(03):543-546.

王康宁,1995.最优控制的数学理论[M].北京:国防工业出版社.

王小芹,尚晶,王欣梅,李华慧,2016.泊松过程的两种定义及其等价性证明[J].河南科技学院学报(自然科学版),(05):48-51+58.

王永茂,祁晓玉,贠小青,2015.基于经典风险模型的最优分红和最优注资策略研究[J].郑州大学学报(理学版),(02):37-40.

薛涛,2014.带注资的风险模型的最优效用再保险和分红策略[D].石家庄:河北工业大学.

杨龙,2012.两类风险模型的绝对破产和分红问题的研究[D].重庆:重庆大学.

姚定俊,汪荣明,徐林,2014.方差保费准则下最优分红、注资和再保险策略[J].中国科学:数学,(10):1123-1140.

姚定俊,2010.分红及若干相关随机控制问题研究[D].上海:华东师范大学.

于文广,2014.保险风险模型的破产理论与分红策略研究[D].济南:山东大学.

袁海丽,胡亦钧,2012.带利率和常数红利边界的对偶风险模型的研究[J].数学学报,(01):131-140.

岳毅蒙,王欣,赵锐,2015.逐段决定复合泊松风险模型的最优分红与注资策略[J].郑州轻工业学院学报(自然科学版),(1):157-160.

张丽昌,2015.线性分红策略下对偶风险模型的若干问题[D].曲阜:曲阜师范大学.

张茂,秦海鹰,何树红,2006.常利率因素对带干扰风险模型的影响[J].云南民族大学学报(自然科学版),(01):28-30.

张娜,2012.带常利率风险模型的最优分红及注资[D].武汉:武汉科技大学.

张茜,2013.随机利率下带干扰的对偶风险模型的分红问题[D].

曲阜:曲阜师范大学.

张帅琪,刘国欣,2012.复合 Poisson 模型带比例与固定交易费用的最优分红与注资[J].中国科学:数学,(08):828-844.

张帅琪,2012.几类风险模型随机控制问题的研究[D].长沙:中南大学.

张志民,2010.几类风险模型下的 Gerber-Shiu 分析[D].重庆:重庆大学.

赵锦艳,2010.随机过程和随机控制在风险理论中的几点应用[D].长沙:中南大学.

赵亚,2012.随机利率下带干扰风险模型的破产问题[D].曲阜:曲阜师范大学.

赵永霞,2014.若干风险模型中期望折现罚金函数和最优分红的研究[D].上海:华东师范大学.

周杰明,2013.几类风险模型中的破产问题及最优控制问题研究[D].长沙:湖南师范大学.

朱一,2015.金融随机分析的基础及其应用[D].长春:吉林大学.